日本人が苦手な100項目
でマスターする！

英文法の落とし穴

アルク

In collaboration with experienced editor Mayuko Honda, I have identified 100 grammatical issues that intermediate and even advanced Japanese learners of English often find confusing. I explain these issues using natural example sentences and minimal grammatical language. Reading these chapters and doing the three exercises at the end of each will inspire you to create your own example sentences and expand your communication range in English.

It is important that you maintain a curious rather than self-critical attitude as you read. I am much less interested in correcting your mistakes than in leading you to more thoughtful use of the English language. Keep in mind that grammar has a context, and what is "correct" in one setting may convey the wrong meaning in another. I have included examples where a small change, such as the placement of a word in a sentence, leads to a different meaning. I hope you find these examples as much fun as I do.

Finally, I want to thank my dad, J. Brook Lathram, for his insightful comments and his support throughout the writing process. And many thanks to my family for inspiring me to be my best.

Brooke Lathram-Abe

経験豊かな編集者・本多真佑子さんから本書の企画をいただき、今回彼女とともに、中・上級レベルの英語学習者でもミスしやすい100の英文法項目を厳選しました。各項目は自然な例文と最小限の文法用語で説明してあります。ぜひ各章を読んで、その最後にある3つの問題にチャレンジしてみてください。きっとこれから英文を書くときや、英語でのコミュニケーションの幅を広げるのに大いに役立つことでしょう。

本書を読むにあたっては、自己批判的な態度よりも好奇心を常に持つことが大切です。私は皆さんのミスを訂正することにあまり興味はありません。もっと気配りを持って英語を使ってみてもらえたらいいな、と思っているのです。文法には文脈があって、あるケースでは「正しい」とされることも別のシチュエーションでは誤解を招きかねないことを忘れないでください。文中での単語の置き場所ひとつでも異なる意味になってしまうという例を、本書は多く掲載しています。これらの違いや例を大いに楽しんで、ネイティブの感覚を養ってもらえれば幸いです。

最後に、執筆の間ずっと見識深いコメントでサポートしてくれた父J・ブルック・レイスラムに感謝したいと思います。それに最高の仕事ができるように励まし続けてくれた家族にも、本当にありがとう。

仲慶次 (訳)

HOW TO USE THIS BOOK

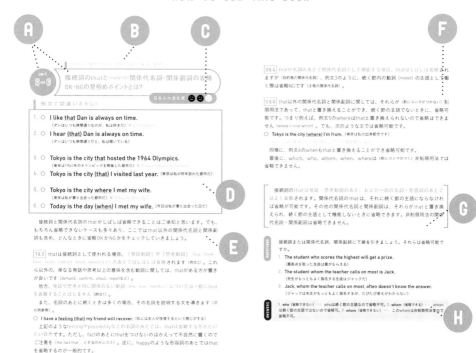

A 全部で100の項目と見出しがあります。　**B** 全7章構成です。

C 日本人が混乱しやすい順を😣で表しています（最も混乱しやすい😣😣😣、次に混乱しやすい😣😣、混乱する人は比較的少ない😣）。

D **B** の内容に沿った例文を6〜10ほど掲載しています。例文を見て何が間違いなのか、何が正しいのか確認しましょう。ネイティブが書き下ろした自然な例文が満載！

E 日本人がどのように間違いやすいのかを説明した導入文です。

F 例文に沿った解説が掲載されています。 1&2 などのアイコンは、 例文で間違いさがし! の例文の番号を表しています。緑字は重要な部分です。なるべく文法用語を使わないように解説しました。

G このユニットのまとめを載せています。よく理解しているユニットはこの部分だけを読んで復習するのもよいでしょう。

H 各ユニットに3問の確認問題があります。確認問題を解いて理解していなかった部分があれば、もう一度その解説を読んでみましょう。

UNIT 1 名詞、代名詞、限定詞

日本人の混乱度 😖😖😖

日本人の混乱度 😖😖😣

日本人の混乱度 😣😣😣

日本人の混乱度 😫 🙁 🙁

UNIT
5
前置詞と接続詞

日本人の混乱度 😫 😫 😫

日本人の混乱度 😫 😫 🙁

日 本 人 の 混 乱 度 😫 🙂 😩

UNIT 6 疑問代名詞、関係代名詞・副詞、接続詞

日 本 人 の 混 乱 度 😫 😫 😫

日 本 人 の 混 乱 度 😫 😫 🙂

日本人の混乱度 😫 😟 😟

UNIT
7
紛らわしい語とスペリング、句読法

日本人の混乱度 😫 😫 😫

日本人の混乱度 😫 😫 😟

日本人の混乱度 😫 😟 😟

名詞、代名詞、限定詞

most/many/few 〜とmost/many/few of 〜は用法・意味がこんなに違う!

日本人の混乱度 😣😣😣

例文で間違いさがし!

1. ✕　Clara ate <u>most of pizza</u>, so the rest of us didn't have much to eat.
2. ◯　Clara ate <u>most of the pizza</u>, so the rest of us didn't have much to eat.
（クララがピザのほとんどを食べてしまったので、残りの私たちには食べる分があまりなかった）

3. ✕　A <u>few of students</u> plan to go to graduate school.
4. ◯　A <u>few students</u> plan to go to graduate school.
（何人かの学生は大学院へ行く予定だ）

5. ✕　<u>Many of teachers</u> work side jobs to earn extra money.
6. ◯　<u>Many teachers</u> work side jobs to earn extra money.
（多くの教師は余剰収入を得るために副業をしている）

　多くの日本人は、前置詞ofをつけるかつけないかで、most、many、few、little、some、any、severalなどの語を混乱して使ってしまうようですね。

1&2 most of ＋限定詞（a、an、the、this、that、these、those、所有代名詞など）＋名詞（pizza）／most of ＋代名詞（itやthemなど）が適切な形です。
　例文2では、pizzaの前のtheによって、どのピザがクララに大部分を食べられてしまったのかが明らかです（下線部は<u>most of our pizza</u>でもOK）。このtheやourがないと、ここでのpizzaはそれこそ世界中のすべてのピザを指しているとも言えるのです。ですので、次のような場合、ofは使われません。

◯　<u>Most pizza</u> is made with cheese and tomato sauce.（ほとんどのピザはチーズとトマトソースで出来ている）

3&4 常にA few of ＋限定詞＋複数名詞（students）／A few of ＋複数代名詞（themなど）になります。一般的な「学生たち」について述べる場合はofがなくてもOKです（例文4）。言及している「学生たち」がすでに特定されている次のような場合は、<u>a few of the</u> studentsと言えるわけです。

○ Students on the soccer team are thriving in their studies. <u>A few of the students (= A few of them)</u> have earned academic scholarships. （サッカー部の学生たちは学業も優秀だ。そのうちの何人かは奨学金も得ている）

5 & 6 many of ＋限定詞＋複数名詞 (teachers) ／ many of ＋複数代名詞 (themなど) にならなければなりません。ここでは一般的な「教師」のことを述べているので、ofはないのがベストです。ただし、Many of the teachersならOKです。

　ちなみに同じ意味で<u>A lot of teachers</u> work side jobs to earn extra money.という表現もあります。a lot ofのあとには冠詞や所有代名詞のつかない名詞でも置くことができるためです。

> most、many、few、little、some、any、several などのあとに of がないときは（冠詞のつかない）不特定の名詞が続きます。of があるときには「限定詞＋名詞または代名詞」を続けましょう。

QUESTIONS

次の文を正しい文にしましょう。
1. Most of people prefer safety to adventure.
2. Tom ate most of ice cream.
3. Mom purchased some her dresses at the secondhand shop.

ANSWERS

1. <u>Most people</u> prefer safety to adventure. （多くの人は冒険よりも安全を優先する） 解説 ここでのpeopleは「一般の人々」を指していると考えられるので、ofは不要。2. Tom ate <u>most of the</u> ice cream. （トムはアイスクリームをほとんど食べてしまった） 解説 トムは「特定のアイスクリーム」を食べたと考える。Most of this/that ice creamやmost of Jerry's ice cream（または他の所有代名詞）としても可。3. Mom purchased <u>some of her dresses</u> at the secondhand shop. （お母さんは古着屋で洋服を何着か買った） 解説 所有代名詞のherを残すならofが必要。「洋服」一般を述べるなら、下線部をsome dressesとherを削除するのも可。

同じ名詞でも複数形の-sがつく・つかないで意味が変わる!? ─ worksは「作品」、workは「仕事」

例文で間違いさがし！

1. ✕ I have **many works** to do today.
2. ◯ The museum has **several works** by Monet on display in the Impressionists exhibit.
   （その美術館は印象派の展示でモネによる何点かの作品を公開している）

3. ◯ Enrico needs to wear reading **glasses**.
   （エンリコは読書メガネをかける必要がある）
4. ◯ Enrico drank **two glasses** of wine at dinner.
   （エンリコは夕食でワインを2杯飲んだ）
5. ◯ This vase is **made of glass**. Be careful not to break it.
   （この花瓶はガラスで出来ています。割らないように気をつけて）

6. ◯ We had **a good time** in Tokyo. （私たちは東京で楽しい時を過ごした）
7. ◯ If we make **good time** we'll arrive at the game by the time it starts.
   （早く行けば、私たちは試合が始まる時間までに到着するだろう）

　名詞の中には同じ単語でも可算名詞にも不可算名詞にもなり、それとともに意味が変わるものがあります。正しい意味にならない誤った形にしてしまう日本人は多いようです。

1&2 workは「仕事」という意味で使われる場合、不可算です。そのため、many worksとは言いません。ただし、jobやtaskは次のように可算です。
◯ I have many **tasks** to do today. （私は今日、するべき仕事がたくさんある）
◯ There are many **jobs** open at our company. （わが社には多くの仕事の空きがある）
　また、workは「作品」という意味では可算名詞になります（例：works of art「芸術作品」、works of fiction「小説類」など）。

3、4&5 可算名詞のglassには主に2つの意味があります。①「（複数形で）メガネ」。②飲み物用の「グラス」。一方、素材の「ガラス」は不可算名詞です。
　可算と不可算で意味が変わる他の名詞の例：
a chicken「鶏」/ chicken「鶏肉」、an iron「アイロン」/ iron「鉄」、a light「電

球・ランプ」/ light「光」、a paper「新聞」/ paper「紙」、a room「部屋」/ room「スペース」

また、hairのような語は、次のように可算にも不可算にもなりえます。

○ **There was a hair in my soup.**（私のスープには髪の毛が入っていた）

○ **She has blonde hair.**（彼女は金髪をしている）

6&7 可算名詞のtimeには次の2つの意味の可能性があります。①「（1日の中の）時間」（例：Could you tell me the time?「時間を教えていただけますか」）。②「機会・時期」（例：a good time「いい時期」、the time of my life「人生の（最高の）時期」）。例文6は1つの機会（東京での「時」）について述べているので、冠詞aとともに使われる可算名詞のtimeが正しいわけです（We had good time. はNG）。

対して不可算名詞のtimeは、ある動作がなされている間の「時」を指します。例文7のmake good timeは「ある場所から別の場所へ素早く移動する」という意味です。ちなみにexperienceもtime同様、可算にも不可算にもなります。

> 名詞の中にはwork、glass、time、experienceなど、可算名詞と不可算名詞のどちらで使うかで意味が変わるものがあります。

[   ]の中の正しい方を選びましょう。

1. **I had to read through this document [several times / a lot of time] to catch the meaning.**
2. **I spent [several times / a lot of time] reading through this document.**
3. **I'm searching for [a more satisfying work / more satisfying work].**

ANSWERS

1. **several times**（意味をつかむために、何度もこの文書を読み通すことが必要だった） 解説 文書を「読み通す」ことは1つの「機会」ととらえることができ、ここでは、何度も読み通すことが必要だったという意図なので、可算のseveral timesが適切。 2. **a lot of time**（私はこの文書に目を通すのに多くの時間を費やした） 解説 私たちが「費やす（spend）」のは不可算のtime。ここでは、文書を読むという動作の「時間」が積み重なって、それが多くの量になったということ。 3. **more satisfying work**（私はもっとやりがいのある仕事を探している） 解説 「仕事」という意味のworkは常に不可算名詞。もしjobやworkplace、positionなどを探しているのであれば、これらの語はすべて可算名詞なので冠詞のaがつく（a more satisfying job「やりがいのある仕事」など）。

UNIT 1-3

There is/are構文の落とし穴!
There is/are the ～は基本NG、でも…

日本人の混乱度

例文で間違いさがし!

＊レオナルド・ダ・ヴィンチの「最後の晩餐」を見ながら

1. ✕ **There is the long, white table.**
2. ○ **There is a long, white table.** （長くて白いテーブルがある）
3. ✕ **There are the windows behind the table.**
4. ○ **There are windows behind the table.** （テーブルの後ろに窓がある）

＊「パンはどこ？」と聞かれて

5. ✕ **There is the bread on the table.**
6. ○ **The bread is on the table.** （パンならテーブルの上だよ）

＊捜していた飼い犬をテーブルの下に見つけて

7. ○ **There is the dog, under the table!** （犬はそこ、テーブルの下にいる！）
8. ○ **There is my dog! I've been looking all over for him.**
（私の犬はそこだ！　そこらじゅう捜してたんだよ）

　多くの日本人が中学の早い段階で習うThere is/are構文ですが、ここでも冠詞の使い方など覚え違いはけっこうあるようです。

1、2、3&4 一般的なルールとして、「～がいる／ある」という意味でThere is/are ～を使う際は、あとの名詞に特定の限定詞（the、this、that、these、those、所有代名詞など）はつけません。There is/are構文は、まだ特定されていない初めて登場する人や物を言い表すときに用いられるからです（a long, white table）。そのため、単数の可算名詞（table）には不定冠詞a/anをつけなければならず、複数名詞（windows）は無冠詞、または次の例のようにsomeなどの不定限定詞がつきます。

○ **There are some people gathered around the table.**
（テーブルの周りに何人かの人が集まっている）

5&6 特定の人や物（the bread）の位置を表すとき、基本的にはThere is/are ～は使いません。ですので、次の文は不自然になります。

✕ **There are Jesus's followers gathered around the table.**
その代わりに、次のように言えるでしょう。

○ **Jesus's followers are gathered around the table.**
（キリストの信徒たちがテーブルの周りに集まっている）

　所有格のJesus'sによって、あとのfollowersが特定されるので、Jesus's followersがThere is/areに続くのは不自然なのです。

7&8 それでも、あえて「そこに・あそこに」ということを強調したいときは、There is/areのあとの名詞に特定の限定詞をつける場合があります。例文7と8では、話者は捜していた特定の犬（the dog、my dog）を見つけたので、その居場所を強調するためにThere is ～を使っています。同様に、例えばイタリアに旅行してピサの斜塔を見たら、こう叫ぶこともありえるでしょう。

○ **There's the Leaning Tower of Pisa!**（あそこにピサの斜塔がある！）

　ただし、ピサの斜塔はイタリアにあるという事実を述べたい場合は、There is the Leaning Tower of Pisa in Italy.とは言わず、

○ **The Leaning Tower of Pisa is in Italy.**（ピサの斜塔はイタリアにある）と言います。

> 　There is/are構文は基本的に、相手にとって初めての特定されていない名詞を言い表す際に用いられます。そのため、その名詞には特定の限定詞（the、this、that、these、those、所有代名詞など）をつけません。しかしながら、その名詞が「そこにいる・あそこにいる」といったように、存在場所を強調したいときには特定の限定詞をつける場合もあります。

次の日本語を英語にしましょう。
1. 私の弁当箱がテーブルの上にある。
2. 2階にお手洗いがある。
3. アマゾン川はブラジルにある。

1. **My lunchbox is on the table.** 解説 my lunchboxは特定のものなので、There isには続けられない。2. **There is a bathroom on the second floor.** (2階に1つある場合) / **There are bathrooms on the second floor.** (2階に2つ以上ある場合) /**The bathroom is on the second floor.** (その建物の中に1つしかない場合)　解説 お手洗いの状況によって、3種類の英文が考えられる。3. **The Amazon River is in Brazil.** 解説 There is the Amazon River in Brazil.とは言わないことに注意。

UNIT 1-4

-sと言わない不可算(数えられない)名詞TOP10

例文で間違いさがし!

1. ✕ The airline lost two of my <u>luggages</u>.
2. ◯ The airline lost <u>two pieces of my luggage</u>.
（その航空会社は私の手荷物を2つ紛失した）

3. ✕ I have <u>some informations</u> I need to share with you.
4. ◯ I have <u>some information</u> I need to share with you.
（あなたと共有する必要のある情報がいくつかあります）

5. ✕ Harris listens to <u>many musics</u>.
6. ◯ Harris listens to <u>a lot of music</u>. （ハリスは多くの音楽を聴く）

　不可算名詞を複数形（-s）にしてしまうのは、日本人の典型的な「あるあるミス」の1つです。

1&2 luggage（baggage）「旅行かばん；手荷物」は常に不可算です。かばんやスーツケースやその他中身まで含めた「大きな荷物のかたまり」を想像してみてください。対照的にbagやsuitcaseは可算名詞です。luggageの数量を数えたいときにはpiecesやitemsを使います（例文2）。こうすることでluggageを個別の小さな物に分けることができるのです。例文2の下線部分を(lost) my luggage「手荷物を紛失した」としてもOKです。

3&4 information「情報」も不可算名詞です。たとえ共有したい情報が2つ以上あったとしても、some informationとするのが適切で、共有したいすべての情報をカバーする意味になります。もし「情報」をあえて個別に数えたい場合はI have <u>two pieces of information</u>「2つの情報がある」のように、piecesかbitsを用いればいいでしょう。

5&6 music「音楽」も特定の形を持たない不可算名詞となります。例文6のa lot of musicでは、ハリスが複数のジャンルの音楽を聴くのか1つのジャンルだけを聴くのかはわかりませんが、Harris listens to <u>many kinds of music</u>. （ハリスは色々な音楽を聴く）とするとさまざまな音楽を聴くことを明らかにできます。また、ミュージシャンが使

う楽譜のページにちなんでsheets of musicという表現もあります。a piece of music
は「1曲」ということです。

　日本人がよく誤って複数形にする不可算名詞には他に次のようなものがあります
（1つ1つを指す際にはbits、pieces、itemsなどを用いる）。

advice（a bit/piece of advice）、 evidence（a piece of evidence）、furniture（an item/a piece
of furniture）、jewelry（an item/a piece of jewelry）、knowledge（a bit/piece of knowledge）、
news（a bit/piece of news）、money（coins、bills、dollars、yenなど）、stress（ふつう数えること
はしない）

> luggage や baggage、information、music などの名詞は常に不可算で、複数形
> にできません。特定の数量を述べるには、items、pieces、bits、sheets などのより
> 小さな単位、「かけら」に分けましょう。

QUESTIONS

次の文を正しい文にしましょう。
1. Lisa bought many furnitures at the department store.
2. Can you pass these informations on to the teacher?
3. Tim will perform two musics on the piano.

ANSWERS

1. Lisa bought a lot of furniture at the department store.（リサは百貨店で家具をたくさん買った）　解説
furnitureは不可算名詞なので、小さな単位に分けるにはitemsかpiecesを用いる。a lot ofはmany
items／pieces ofでもOK。2. Can you pass this information on to the teacher?（この情報を先生に渡し
てくれる？）　解説　いくつか複数の「情報」を相手に伝えたいときでも、informationは1つのかたま
りとして扱うのが通例。3. Tim will perform two pieces of music on the piano.（ティムはピアノで2曲
弾く予定だ）　解説　pieces of musicをsongsに置き換えることも可能。

UNIT 1-5

相手に認識されている特定の名詞にはtheを、
特定されていない可算名詞にはa/anを使おう!

日本人の混乱度

例文で間違いさがし!

1. ○　There's <u>a cake</u> on the table. （テーブルの上にケーキがある）
2. ✕　I ate <u>a slice</u> of <u>a cake</u> on the table.
3. ○　I eat <u>cake</u> once or twice a week. （私は週に1、2回ケーキを食べる）

4. ✕　Juanita has <u>the dog</u>, and the dog's name is Sparky.
5. ○　Kaito has <u>a dog</u> and two cats. <u>The cats</u> don't get along with each other, but they like <u>the dog</u>.
   （カイトは1匹の犬と2匹の猫を飼っている。その猫たちは互いに仲が良くないが、犬のことは好きだ）

6. ○　I like to jog in <u>the morning</u>. （私は朝、ジョギングすることが好きだ）
7. ○　Nothing matches <u>the love</u> a mother feels towards her children. （母親の子どもに対して感じる愛情に匹敵するものはない）

　不定冠詞a/anと定冠詞theの誤用は、日本人にとって最もよくある基本的なミスでしょう。例えば、必要な冠詞を全く使わなかったり、すでに特定されている名詞（theが必要）の前にaやanを置いたり…。逆に、特定されていない名詞にtheを使ってみたりすることも多いですね。

1、2＆3 例文1のcakeは可算名詞です。相手にとって初めて紹介されるケーキ丸ごと1つがテーブルの上にあるということを示すために、不定冠詞のaが使われています。例文2のcakeはこの（例文1で紹介されたテーブルの上の）「特定のケーキ」を指しているので、aは誤りでtheが必要です。つまり同文はa slice of the cake on the tableとなります。ちなみにa sliceのsliceは不特定なので、<u>a slice</u>でOK。このケーキがいくつかに分けられ、そのうちのどれか1つということを表します。例文3のcakeは一般的な「ケーキ」について述べているので、不可算名詞のcake（冠詞不要）が適切。

4＆5 例文4の最初のdog（可算名詞の単数形）にはtheではなくaを使います。相手に初めて紹介される不特定のものだからです。文の後半で同じ犬が再び言及されて初めて、相手はどの特定の犬（ファニータの犬）のことを指しているかがわかります。つまり、文の前半で紹介された犬について再度述べる際はtheを使うわけです。

○ **Juanita has a dog, and the dog's name is Sparky.**（ファニータは1匹の犬を飼っていて、その犬の名前はスパーキーだ）

同様に、例文5では最初に登場したdogにはaが必要で、2番目に出てくるdogは相手にわかっている特定の犬なのでthe dogになります。なお、複数名詞も特定の名詞を指す際にはtheが必要です（ここでのthe catsはすでに登場していて、相手に認識されている）。

6&7 1日の中の時間帯（morning、afternoon、evening）には通常theがつきます。特定のものとして相手に認識されているからです。ただしnightは例外：**I take a shower at night instead of in the morning.**（私は朝ではなく夜にシャワーを浴びる）。また、例文7のように、loveのような不可算名詞も、それが特定のもの（the love a mother feels＝母親が感じる愛情）で相手に明白な場合はtheが用いられます。

> 特定されていない可算名詞の単数形にはa/anを、相手に認識されている特定の名詞の前にはtheを使いましょう。複数形や不可算の一般名詞の前に冠詞は原則不要です。

QUESTIONS

空所にaかanかtheを入れましょう。冠詞が不要なときは×を書きましょう。

1. When Carlos woke up he ate _____ cereal and did _____ homework he'd forgotten to do the night before.
2. Thomas ate _____ cereal that was on the top shelf in the pantry.
3. Maria is from _____ USA.

ANSWERS

1. When Carlos woke up he ate **×** cereal and did **the** homework he'd forgotten to do the night before. （目が覚めると、カルロスはシリアルを食べ、前の晩に忘れていた宿題をした）　解説　cerealは不可算名詞で特定されていないものなので冠詞不要。homeworkも不可算名詞だが、he'd forgotten to do the night beforeで特定されているのでtheが要る。**2.** Thomas ate **the** cereal that was on the top shelf in the pantry. （トーマスは食料庫の一番上の棚にあったシリアルを食べた）　解説　cerealは不可算名詞だが、on the top shelf in the pantryという句によって特定されているため、theが必要。**3.** Maria is from **the** USA. （マリアはアメリカ出身だ）　解説　ほとんどの国名は冠詞不要だが、the United States of America (the USA)、the United Kingdom (the UK)、the Philippines、the Czech Republicなどは例外。

UNIT
1-6

everyとeachのあとの名詞は単数形、
allとbothのあとの名詞は複数形

日本人の混乱度

例文で間違いさがし!

1. ✕　**Every members** of the team are expected to show up for practice.
2. ○　**Every member** of the team is expected to show up for practice. (チームの各メンバーは練習に現れることになっている)
3. ○　**All members** of the team are expected to show up for practice. (チームのメンバー全員が練習に現れることになっている)

4. ✕　**Every person** in a marriage brings different gifts and receives different benefits.
5. ○　**Each person** in a marriage brings different gifts and receives different benefits. (結婚生活で妻と夫は違った個性を持ち寄り、違った恩恵を授かる)
6. ○　**Both parents** must be present for the child's passport application. (子どものパスポート申請には両親が立ち会わなくてはならない)

7. ○　**All roads** lead to Rome.
8. ○　**Every road** leads to Rome. (すべての道はローマに通ず)
9. ○　**Each road** is paved differently. (各道路は違うふうに舗装されている)

　every、each、all、both はその基本的な使い分けを把握していない日本人が多いです。例えば、every と each のあとの名詞を複数形にしたり、「2個1」の人／物に対して both ではなく all を使ってみたり。特に every、each、all は日本語でしばしば「すべての」と訳されるのが影響しているのかもしれませんね。

　1、2&3　everyには可算名詞の単数形が続かなければならないので (every member)、例文1は誤りです。一方、allは直後に名詞を置く形容詞として使われる場合、名詞は複数形 (all members) か不可算名詞になります。every member と all members はしばしばどちらを使ってもOKです。

　4、5&6　次に、everyは3人または3つ以上の集団について使われ、eachは2人または2つ以上の集団に対して用いられます。everyが集団の中の各々が何を共有しているかにより重点が置かれるのに対し、eachは各々の固有の特徴に重点が置かれるとい

う違いがあります。

　bothは2人または2つで構成された一組に関して使われ、複数名詞（parents）か接続詞で結ばれた単数名詞2つ（the mother and father）が続きます。なお、eitherは次のように、2人か2つのうちの1人／1つについて用いられ、あとには単数名詞がきます。

○ **Either parent** may accompany the child to obtain the documents. （両親のうちのどちらかが、子どもがその書類を受け取るのに同行してよい）

7、8&9　例文7はことわざで、「手段や方法が異なっても、最終的には同じ結果に達する」という意味です。everyを使った例文8はことわざではありませんが、同じことを述べています。eachで始まる例文9は、道路個々の特徴（paved differently）によりフォーカスを置いたニュアンスです。allが3人または3つ以上の集団のすべての人／物を指すのに対し、もしboth roadsなら、2つの道路の両方を指すことになります。

　everyとeachは形容詞として使われる場合、あとに単数名詞を置きます。allとbothに続くのは複数名詞です。everyとallが3人または3つ以上の集団について使われるのに対し、eachは2人または2つ以上の集団に対して、bothは2人または2つ一組について使われます。eachは集団の中の個々の特徴により重きを置く傾向があります。

QUESTIONS

空所にevery、each、all、bothのいずれかを入れましょう。

1. _____ student in the room listened to the teacher intently.
2. Martin has hearing loss in _____ ears.
3. Many people believe that _____ babies are born with blue eyes, but this isn't true.

ANSWERS

1. **Every**（その部屋のすべての生徒は先生の話を熱心に聞いた）解説 ある程度の人数の生徒全員が先生の話すことを一心に聞いている状況で、studentは単数形なのでeveryが最も適切。 2. **both**（マーティンは両方の耳が聞こえない）解説 マーティンは2つ一組の耳を持っており、earsが複数形なのでbothが最適。 3. **all**（多くの人は、すべての赤ちゃんは青い目で生まれてくると信じているが、これは真実ではない）解説 babiesが複数形で、その総数は2人よりも多いのでallが適切。

UNIT 1-7　each、all、bothはofがつくと、そのあとの名詞も動詞も変わる!

日本人の混乱度

例文で間違いさがし!

1. ✕ **Each of student** has a different learning style.
2. ◯ **Each of the students** has a different learning style.
3. ◯ **Each of them** has a different learning style.
（それぞれの学生には違った学習スタイルがある）

4. ✕ Please don't eat **all of cheese** in the refrigerator.
5. ◯ Please don't eat **all (of) the cheese** in the refrigerator.
（冷蔵庫の中のチーズを全部食べないでください）

6. ◯ **All (of) the students** at our school come from low-income families. （私たちの学校のすべての生徒は低所得世帯の出身だ）

7. ◯ **Both (of) my parents** like to read. （私の両親は2人とも読書が好きだ）
8. ◯ **Both my mom and my dad** like to read.
（私の母と父は2人とも読書が好きだ）
9. ✕ **Both of my parent** like to read.

　eachとeach of、allとall of、bothとboth ofの使い分けが混乱している日本人もけっこう多いですね。例えば、each ofとboth ofのあとに単数名詞を使ったり（複数名詞が正解）、each ofやall of、both ofと名詞の間に限定詞（冠詞やthis、thatなど）を置かなかったり…。また、この文構造での主語と動詞の不一致ミスもよくあります。

1、2＆3 eachは形容詞として使用される場合、each studentのように単数名詞が続きます。しかし、ofと一緒に使われると、そのあとは特定の集団、すなわち「限定詞＋複数名詞／代名詞」（the students / them）になるのです。そして、each ofのあとが複数名詞でも主語は単数扱い（each）で、単数用の動詞の形（has）が適用されます。

4、5＆6 allは形容詞として使用される場合、複数名詞か不可算名詞が続きますが、all ofになると、そのあとは「限定詞＋単数／複数名詞または代名詞」（the cheese / studentsまたは them）になります。allのあとが「限定詞＋名詞」のときはofが省かれる場合もあります（all the cheese、all the students）。例文4は（冷蔵庫の中にある）特定のチーズに言及しているので、ofのあとにtheが必要なため誤りです。

なお、all ofのあとが複数名詞になる場合、動詞は複数形に対応した形（come）が使われますが、all ofのあとが次のように単数名詞になる場合は、単数形に対応した動詞の形が用いられます。

○ **All (of) the <u>food</u> in the refrigerator <u>was</u> spoiled when the electricity went out for seven hours.**（停電が7時間あったとき、冷蔵庫の中のすべての食品はダメになってしまった）

`7、8&9` bothはぴったり2人か2つ一組について使われます。ofを伴わなければ、bothのあとは接続詞andで結ばれた2つの名詞（my mom and my dad）、または限定詞のない複数名詞（parents）がくるのが一般的です。が、both ofのあとには「限定詞＋（2人か2つ一組の）複数名詞」（my parents）または代名詞（themなど）が置かれます。

---

　each of、all of、both ofのあとには「限定詞＋名詞／代名詞」がきます。each ofには複数名詞のみ、all ofには単数または複数名詞が続けられ、both ofは2人か2つ一組の複数名詞のみが続きます。each ofは、そのあとが複数名詞であっても常に単数形に応じた動詞形をとりますが、all ofの場合はあとの名詞に応じた動詞形になります（例：all of the pizza <u>is</u>、all of the pizzas <u>are</u>）。both of 〜が主語のときの動詞は常に複数主語に対応した形です。

QUESTIONS

次の文を正しい文にしましょう。
1. Each of the students were wearing different shirts.
2. Both of parents must be present at the meeting.
3. All of the meat are gone now.

ANSWERS

1. Each of the students <u>was wearing a different shirt</u>.（生徒たちはそれぞれ違うシャツを着ていた）解説 動詞wereは単数主語のeachに応じた形にする。またdifferent shirtsも主語に合わせて単数形にしなければならない。 2. <u>Both parents</u> must be present at the meeting.（両親の両方が会議に出席する必要があります）解説 both ofは「限定詞＋複数名詞」または代名詞をとる。下線部はBoth of the parentsでも可。 3. All of the meat <u>is</u> gone now.（もうお肉は全部なくなりました）解説 all ofのあとの単数名詞meatに合わせた動詞形にする。

UNIT 1-8

every-、any-、some-で始まる語は似ているようで、
意味とニュアンスが大違い!

例文で間違いさがし!

1. ✗ **You can go underline{everywhere} you like.**
2. ○ **You can go underline{anywhere} you like.** （あなたはどこへでも好きなところへ行けます）
3. △ **You can go underline{somewhere} you like.**

4. ✗ **Do you know underline{everyone} who can help?**
5. ○ **Do you know underline{anyone} who can help?**
6. ○ **Do you know underline{someone} who can help?**
（手助けしてくれる人を誰か知っていますか）

7. ○ **Please don't take underline{everything}.** （全部は持っていかないでください）
8. ○ **Please don't take underline{anything}.** （何も持っていかないでください）
9. ✗ **Please don't take underline{something}.**

　every-、any-、some- で始まる語の違いも日本人にとっては紛らわしいですね。any- が自然なところに every- を使ったり、否定文で目的語や補語として some- を用いたりしがちです。また、every-、any-、some- で始まる代名詞は単数扱いということもお忘れなく。

　1、2&3 everyはある集団に属するもの「すべて」を指します。ですので、例文1の You can go everywhereは「あなたには世界中に行ける時間があって、すべての場所を訪れることができる」と言っているようなもので、ここでのeverywhereはあとの you likeという限定する語句の意味合いとはマッチしませんよね。

　例文2と3はいずれも正しいですが、2の方がより一般的で、両者はニュアンスが若干異なります。例文2は「好きなところならどこへでも行ける（複数の場所でも可）」で、例文3は「ある1つの好きなところへ行ける（そこは第1希望の場所ではない可能性もある）」となるのです。またanywhereは次のように、文の主語になることもできます。

○ **Anywhere is okay with me.** （どこでもいいよ）

　この文のanywhereをeverywhereとする日本人もいますが、そうすると「すべてのところでいいよ」という意味になってしまい、不自然です。なお、every-、any-、some- で始まる代名詞は単数扱いなので、主語の場合は動詞の形もそれに合わせなけ

ればいけません。

4、5&6 例文4は誤りです。everyone who can helpとすると「手助けができそうな すべての人」という意味になってしまうからです。例文5と6は両方とも正しく、よ く使われますが、ニュアンスは若干違います。例文5の方が「手助けしてくれる人」 を相手が知っている可能性が低いだろうな、と話者は思っているのです。でも実際 は、anyoneとsomeoneのどちらを使うかよりも、むしろ話者の声のトーンの方が ニュアンスに影響すると言えるでしょう。

7、8&9 例文7も8も正しいですが、意味は異なります。例文7は「全部は持っていか ないでください」で、「多少なら持っていっていいですよ」という意味です。一方、 例文8は「何も（1つも）持っていかないでください」と言っています。また、some- は否定文では目的語や補語として使えないので、例文9は誤りです。

> every-はある集団に属する「すべて」の人や物を指し、any-は1人／1つ以上 の「いずれか」の人や物を意味します。some-はany-よりもポジティブなニュア ンスがあり、否定文では基本的に目的語や補語としては使用できません。every-、 any-、some-で始まる代名詞は単数扱いで、動詞もそれに合わせた形をとります。

空所にanywhere、everywhere、somewhere、anything、everything、something、 anyone、everyone、someoneのいずれかを入れましょう。

1. Mary said she will go _____ Tom wants to go.
2. The parents refused to give their child dessert until she finished _____ on her plate.
3. _____ with half a brain knows the world isn't flat.

1. **anywhere**（トムが行きたいところならどこでも行くとメアリーは言った）解説 Tom wants to goとい う節で限定されるanywhereが適切。「1つないし2か所以上の場所」を指している。2. **everything** （その両親は、子どもが皿の上のものをすべて食べ終えるまで、デザートを与えることを拒否した）解説 こ こではおそらく、両親は子どもに皿の上の（一部の食べ物ではなく）すべての食べ物を食べさせたい と思っている。3. **Anyone**（少しでも常識のある人なら誰でも地球が平面でないことを知っている）解説 anyone with half a brainはイディオムで「少しでも常識のある人なら誰でも」という意味。

UNIT 1-9　代名詞の指すものをハッキリさせて、言いたいことをスッキリと

例文で間違いさがし！

1. ✗ Joe's father took him to the park to play soccer, and <u>he</u> was happy.
2. ◯ <u>Joe</u> was happy when his father took him to the park to play soccer. （ジョーは父親が公園へサッカーをしに連れて行ってくれたとき、うれしかった）

3. ✗ In my research into the declining birth rate, it has become clear to me that <u>we</u> need to allocate more resources to childcare.
4. ◯ In my research into the declining birth rate, it has become clear to me that <u>the Japanese government</u> needs to allocate more resources to childcare.
   （出生率低下に関する私の調査では、日本政府は子どもの養育により財源を充てる必要があることが明らかになった）

5. ✗ David left in the middle of the night and didn't report to work the next day, <u>which</u> caused us to worry.
6. ◯ We were worried <u>when David didn't report to work</u> after he left in the middle of the night.
   （デビッドが真夜中に帰ったあとで仕事の報告をしなかったとき、私たちは心配になった）

　代名詞を使う際に、その先行詞（その代名詞が指している名詞）があいまいになってしまう日本人も意外と多いですね。

1&2 例文1は、heが誰を指しているのか（ジョーなのか？　ジョーの父親なのか？）がはっきりせず、正しくありません。この場合は例文2のように、ジョーがハッピーであることがわかるようにしましょう。逆にジョーの父親がハッピーだと言いたいときは、次のように表すことが可能です。

◯ Joe's father was happy when he took Joe to the park to play soccer.
（ジョーの父親はジョーを公園へサッカーをしに連れて行ったとき、うれしかった）

3&4 例文3は集合名詞weの誤用の典型例です。weを使う際には、そのweが具体的に誰を指しているのかを常に意識するとよいでしょう。もしそれがはっきりしない場合は、weを他の語に置き換えてみるのがベストです。ここでは、weの代わりにJapanese governmentが使用できるでしょう。

5&6 例文5はwhichが何を指しているのかが明確でなく、正しくありません。「私たちが心配になった」のは「デビッドが真夜中に帰った」からなのか、彼が「仕事の報告をしなかった」からなのか、がはっきりしていません。例文6では、彼が「真夜中に帰ったあとで仕事の報告をしなかった」から私たちは心配になったことが明らかになっています。別の例を見てみましょう。

✕ Laura's husband left two years ago, and they are still involved in a custody dispute, which is why she's unhappy.

○ Laura is unhappy because she is still involved in a custody dispute with her husband, who left two years ago. （ローラは2年前に家を出て行った夫との親権争いにいまだに巻き込まれているので気分がさえない）

✕の文のtheyとwhichは何を指しているかが不明確です。正しい文では親権争いに巻き込まれている人物がはっきりし、ローラがハッピーでない理由も明白です。

> 代名詞を使う際は、その代名詞が具体的に何を指しているのかを意識しましょう。それがはっきりしない場合は、代名詞の代わりに名詞を使うか、文全体を書き直すとグッドです。

QUESTIONS

代名詞の不明瞭な使い方が解消されるように、次の文を書き直しましょう。

1. My ring was in the jewelry box, but I can't find it now.
   （私の指輪は宝石箱の中にあったが、今はそれが見つからない）

2. Maria's boss asked her to work overtime, and she felt stressed.
   （マリアの上司が残業をするように頼んできたので、彼女はストレスを感じた）

3. The school offers French, Spanish, German, and Russian as foreign language options. This is appealing to Jeremy.
   （その学校は外国語の選択科目としてフランス語、スペイン語、ドイツ語、ロシア語を提供している。これはジェレミーにとって魅力的だ）

ANSWERS

1. I just looked inside my jewelry box for my ring, and it is not there. 解説 元の文ではitがringを指すのかjewelry boxを指すのかが不明確。 2. Maria was stressed when her boss asked her to work overtime. 解説 元の文ではsheがMariaを指すのかMaria's bossを指すのかが不明確。 3. The school offers French, Spanish, German, and Russian as foreign language options. These options are appealing to Jeremy. 解説 元の文ではthisが何を指しているのかが不明確（フランス語？　スペイン語？　ドイツ語？　ロシア語？）。すべての選択科目が魅力的であることを明らかにする。

UNIT
1-10

その言葉、誰かを傷つけてない?
迷ったときは相手に確認するのがベスト

日本人の混乱度

例文で間違いさがし!

1. △ **Each student needs to carry <u>his</u> own bag.**
2. △ **Each student needs to carry <u>their</u> own bag.**
3. ○ **The students all need to carry <u>their</u> own bags.**
   （生徒全員が自分のかばんを携行する必要がある）

4. ✕ **Ramps and elevators were installed to provide access to <u>the handicapped</u>.**
5. ○ **Ramps and elevators were installed to provide access to <u>people with disabilities</u>.**
   （障害のある人々が利用しやすいように傾斜路とエレベーターが設置された）

6. ✕ **Some celebrities have been <u>blacklisted</u> from the event.**
7. ○ **Some celebrities have been <u>banned</u> from the event.**
   （そのイベントに出禁になった有名人もいる）

　日本人の中には無意識に「道徳的に正しくない言葉」づかいをする人も見受けられます。「道徳的な正しさ」への意識は時代とともに変わり、国によっても異なりますので、最も大切なことは偏見のない心で順応しようとする気持ちです。

　1、2&3 heやhim、sheやherの代わりにtheyやthemを三人称単数代名詞として使用することは現在では広く認められています。とはいえ、heやhim、sheやherを使った方がよいケースもたまにあります。例えば、例文1のように、言及している生徒が全員男性であったり男性と認識される場合は、his own bagが適切でしょう。また、theyやthemを単数代名詞と認めない教師や雇用者などもいますので、このような人たちとやり取りする際はheやhis、sheやherを使うのが無難です。無用な衝突を避けるためにも、theyやtheirを使った文にするのも一つの手ですね（例文3）。

　三人称単数代名詞の使い方に迷ったときは、思い切って相手にたずねるのがベストです。LGBTQだったりLGBTQの人の気持ちに配慮したいといった理由で、自分の「好みの代名詞」で呼ばれたいという人もいるからです。場合によっては、あなた自身が好みの代名詞を聞かれることだってあるかもしれませんよ。

[4&5] 病気や障害を抱えている人に言及する際は、その個人や団体にどのように認識されたいかをたずねるのが最良です。AP通信社によると、disabled peopleとpeople with disabilitiesは両方とも許容範囲の用語ですが、handicappedやphysically challengedなどの婉曲表現は不快に感じる語のようです。同社はまた、その人や団体の意向がわからない場合は「人優先の用語」（a person with diabetesなど）と「認識優先の用語」（a diabeticなど）を混ぜて使うことを提案しています。また、suffering fromやafflicted withといった哀れみを連想させるようなフレーズ（a person suffering form diabetesなど）は避けるべきです。

[6&7] blackという語を「否定的」や「悪い」という意味合いで使う（blacklistなど）傾向は今ではかなり弱まってきました。なお、人種を意味するBlack peopleのblackは語頭を大文字で表し、Indigenous Peoples（先住民族）と表記する際は通常複数形で、両語頭のiとpを大文字にするのがベターです。

> 「道徳的に正しい」言葉の概念は時代とともに変わり、今後も変化し続けると考えられます。従ってルールを覚えるよりも、偏見のない心を持って真摯にコミュニケーションを行い、相手によって言葉づかいを柔軟に修正することを意識してください。

QUESTIONS

次の日本語を道徳的に正しい英語にしましょう。
1. 先住民族
2. 黒人
3. がん（癌）の人

ANSWERS

1. **Indigenous Peoples, Indigenous Persons**（可能ならば、言及する人や団体に、どのように呼ばれたいか、特定の民族名（アイヌなど）を使ってもらいたいか、などをたずねるとよい）解説 アメリカの「コロンブスの日」は、ヨーロッパ人の入植前に北米に住んでいた多種多様な人種に敬意を表して、今では「先住民の日」と呼ばれる。2. **Black person (people)** 解説 常にBlackの語頭は大文字にし、名詞（Blacksなど）ではなく形容詞として使うこと。AP通信社によると、通常white people（白人）のwhiteの語頭は大文字にしない。3. **person (people) with cancer** 解説 suffering from cancerやafflicted with cancerなどよりもwith cancerを用いる方がよい。

場所を表す名詞にはa/an/theをつけない場合がある

日本人の混乱度

例文で間違いさがし！

1. ○ **Back when I was <u>in school</u>, there were no computers or tablets.**（私の学生時代にはパソコンもタブレットもなかった）

2. ○ **<u>At school</u>, Sarah is learning how to play the xylophone.**
（学校でサラは木琴の弾き方を習っている）

3. ○ **Maria described the challenging environment <u>at the school</u> she attends.**（マリアは通っている学校で課題の多い環境について説明した）

4. ○ **I try to <u>go to bed</u> by 10 p.m. every night.**
（私は毎晩10時までに寝るようにしている）

5. ✕ **I try to <u>go to the bed</u> by 10 p.m. every night.**

6. ○ **The criminal was sentenced to five months <u>in jail</u>.**
（その犯罪者は禁固5か月を宣告された）

7. ✕ **The criminal was sentenced to five months <u>in the jail</u>.**

8. ○ **The professor taught philosophy courses <u>at the jail</u>.**
（その教授は刑務所で哲学の学科を教えた）

　school、bed、jail、college、universityといった「場所を表す名詞」に冠詞をつけるかどうかでミスをする日本人も多いですね。その名詞が一般的な場所を示す際には冠詞不要で、特定の場所を示すときにだけ冠詞をつけます。

1、2&3 例文1のwhen I was in schoolは「私が学生だったとき」という意味です。このschoolにtheをつけると「ある特定の学校（校舎）にいたとき」という意味になってしまいます。例文2では、サラは学生で、at schoolは「（彼女が）ある特定の学校（校舎）にいる」ということではなく、「学生」という身分を表すのに使われていますので、theは不要ということになります。例文3は、schoolが直後のshe attendsで特定されているのでtheが必要です（その学校がオンラインスクールであっても同様）。

　universityやcollegeもtheの使い方に関してはschoolと同じルールになりますが、概してuniversity（uni）はイギリス英語で一般的で、アメリカ英語ではcollegeが広く用いられています。場所に関する用語で、イギリス英語とアメリカ英語で違いがあるものにはhospitalもあります。イギリス英語では「入院」を表すのにin hospitalとい

うのが普通ですが、アメリカ英語では in the hospital とよく表現されます。

4&5 「寝る、床につく」という動作を表すのが go to bed という慣用句です（bedの前に冠詞なし）。以下のように、家具としてのベッドについて述べるときのみ、bed には冠詞をつけます。

○ **I slept <u>in a comfortable bed</u> last night.**（私は昨夜、心地のよいベッドで寝た）

　ただし、これは一般的な意味での bed とは違う用法で、in bed（冠詞なし）で「ベッドカバーの下で休んで」ということを表すのが通例です（次の例参照）。

○ **I was <u>in bed</u> for three days when I had the flu.**（私はインフルエンザにかかったとき、3日間寝込んだ）

6、7&8 犯罪者が刑務所や監獄で刑に服す際には、jail の前に冠詞は使いません。ただ、例文8のように、「1つの場所」として jail を述べるときは冠詞が必要となります。この文の the professor は刑に服すためではなく、学科を教えるために特定の jail にいたわけですから、the をつけるのが適切です。

> school、bed、jail、college、university など場所を表す名詞は、特定の場所や位置を示すときのみ（その場所がオンラインであっても）、冠詞をつけましょう。

空所に a か an か the を入れましょう。冠詞が不要なときは×を書きましょう。

1. Joe spent six years in _____ prison for committing credit card fraud.
2. There are six dormitories at _____ college where my daughter is enrolled.
3. We are looking for _____ new school for our son.

1. Joe spent six years in <u>✕</u> prison for committing credit card fraud.（ジョーはクレジットカード詐欺で6年間刑務所にいた）　解説　この文はジョーの服役囚としての経験を述べており、prison は特定の建物を指しているわけではないので冠詞は不要。2. There are six dormitories at <u>the</u> college where my daughter is enrolled.（娘が在籍している大学には6つの寮がある）　解説　ここでは where my daughter is enrolled という節によって college が特定されているので、the が必要。3. We are looking for <u>a</u> new school for our son.（息子のために新しい学校を探しています）　解説　可能性として「新しい学校」はいくつかあると考えられるので、そのうちの1つを指す冠詞 a が適切。

UNIT 1-12　「食事」「(by+)通信／交通手段」には
基本的に冠詞をつけない

日本人の混乱度

例文で間違いさがし！

1. ○ I've already <u>had lunch</u> today.（私は今日すでに昼食をとった）
2. ○ I <u>had a</u> great <u>lunch</u> at Ristorante Nino.
　　（私はリストランテ・ニノでおいしい昼食を食べた）
3. ✕ I've already <u>had snack</u> this afternoon.

4. ✕ We're required to send the documents <u>by the mail</u>.
5. ○ We're required to send the documents <u>by mail</u>.
　　（私たちはその文書を郵送で送るよう要求されている）
6. ○ <u>The mail</u> usually arrives by 3 o'clock in the afternoon.
　　（郵便はふだん午後3時までに到着する）

7. ✕ Stefan traveled from Frankfurt to Munich <u>by the train</u>.
8. ○ Stefan traveled from Frankfurt to Munich <u>by train</u>.
　　（ステファンはフランクフルトからミュンヘンまで列車で旅行した）
9. ○ Mateo takes <u>the train</u> to work every day.
　　（マテオは毎日出勤するのにその電車に乗る）

　「食事」や「通信手段」「交通手段」の前に冠詞をつけるか、つけないか——これも多くの日本人にとって見極めが難しいようです。

1、2＆3 breakfastやlunch、dinner、supperなどの「食事」を「食べる（have/eat）」ときや「作る（make）」ときは、例文2のように特定の食事を指しているとき以外、冠詞は省きます（次の例参照）。
○ Hey Mom, have you made <u>dinner</u> yet?（ねえお母さん、もう夕ご飯できた？）
　なお、例文3にあるsnackはちゃんとした食事ではないので、このルール通りではありません。ですので、had a snackとするのが正解です。

4、5＆6 通常、前置詞byのあとの「通信手段」には冠詞はつけません（by mail、phone、email、letter、text messageなど）。ただし、by以外の前置詞のあとは、次のように冠詞が必要です。
○ I talked to him <u>on the phone</u> for several hours.（私は彼と数時間、電話で話した）

7、8&9 前置詞byのあとの「交通手段」には通常、冠詞は不要です（by train、car、bus、plane、subway、boatなど）。一方、例文9のように、takeやby以外の前置詞のあとには冠詞を置くのが普通です（次の例参照）。

○ I can't read when I'm <u>on the bus</u>.（私はバスに乗車中は読書できない）

○ I prefer riding <u>in a car</u> to <u>taking the train</u>.（私は電車よりも車に乗る方が好きだ）

　take a trainとtake the trainは両方とも可能な表現です。微妙な違いですが、theを使った方がある特定の列車に乗って目的地へ行くという事象を若干強調します。
　ちなみに、on foot（徒歩で）という表現のfootには冠詞はつけません。

○ I go to the station <u>on foot</u> every morning.（私は毎朝、徒歩で駅に行く）

> 　特定のものを指しているとき以外、「食事（breakfast、lunch、dinner、supper）」には冠詞をつけません。前置詞byのあとの「通信手段」と「交通手段」にも通常、冠詞は不要です。

QUESTIONS

空所にaかanかtheを入れましょう。冠詞が不要なときは×を書きましょう。
1. I didn't contact him by _____ e-mail. I sent him _____ text message.
2. Rina traveled from Ibaraki to Hokkaido by _____ ferry.
3. The children woke up early to make _____ breakfast for their mom on Mother's Day.

ANSWERS

1. I didn't contact him by <u>×</u> e-mail. I sent him <u>a</u> text message.（彼にメールで連絡を取ったのではありません。ショートメッセージを送りました） 解説 前置詞byのあとの「通信手段」には冠詞をつけない。動詞sentのあとは冠詞が必要。 2. Rina traveled from Ibaraki to Hokkaido by <u>×</u> ferry.（リナは茨城から北海道へフェリーで旅行した） 解説 ferryは船の一種なので、他の交通手段のときと同じルールが適用される。冠詞は不要。 3. The children woke up early to make <u>×</u> breakfast for their mom on Mother's Day.（子どもたちは、母の日にお母さんに朝ご飯をつくるため早起きした） 解説 一般的にbreakfastについて述べる際は冠詞をつけない。もしbreakfastの前に、例えば形容詞を置いた場合はmake a special breakfastのように冠詞が必要となる。

UNIT 1-13　動名詞の前に所有格を使うか普通の名詞を使うかで文の意味が変わってくる!

例文で間違いさがし!

1. ○ **Bob's parents didn't approve of <u>his</u> going out with Sarah.**
   （ボブの両親は彼がサラと付き合うことを認めなかった）

2. △ **Bob's parents didn't approve of <u>him</u> going out with Sarah.**

3. ○ **I'm in favor of the <u>proposal</u> being discussed tomorrow.**
   （私は明日議論される提案に賛成だ）

4. ○ **I'm in favor of the <u>proposal's</u> being discussed tomorrow.**
   （私はその提案が明日議論されることを望む）

5. ○ **I prefer the <u>political candidates</u> speaking about crime.**
   （私は犯罪について話している候補者の方が好きだ）

6. ○ **I prefer the <u>political candidates</u>' speaking about crime.**
   （私は候補者に犯罪について話してほしい）

　動名詞の前の所有格と名詞、代名詞の使い方が混乱している日本人も少なくないですね。特に所有格の誤用は文意が誤解されてしまうこともあるので、注意が必要です。

1&2 この2つの文では、ボブ（Bob）がサラ（Sarah）と付き合っている人物です。ボブの両親は「ボブがサラと付き合うこと」を認めていないのであって、ボブ自身を認めていないわけではありません。つまり、動詞didn't approveの目的語はhis going out with Sarahで、himではないのです。そのため、所有格のhisの方が目的格のhimよりもベターになります。実は、こういった場合にhimを使うネイティブもけっこういますが、所有格を使う方がずっと意味がはっきりします。going out with SarahがBobに所属する動作だと考えてみてください。

3&4 例文3では、in favor of の目的語はproposalで、それはあとに続くフレーズ（being discussed tomorrow）によって特定されています。また、この文はWhich proposal are you in favor of?（どの提案にあなたは賛成ですか）という質問の答えになります。
　一方、例文4ではin favor ofの目的語はthe proposal's being discussed tomorrowというフレーズ全体です。そしてこの文はWhen do you want the proposal to be discussed?（その提案をいつ議論してもらいたいですか）という質問の答えにもなりえます。

つまり、同文はI'm in favor of discussing the proposal tomorrow.と同じ意味なのです。

5&6 例文5ではpreferの目的語はcandidatesで、そのあとのspeaking about crimeがcandidatesを特定しています。そして、この文はWhich candidates do you prefer? （あなたはどの候補者の方が好きですか）という質問の答えになります。一方、例文6のpreferの目的語はcandidates' speaking about crimeです。この文が答えとなる質問がWhat do you want the candidates to speak about? （あなたは候補者に何について話してもらいたいですか）というわけです。

> 動名詞が動詞や前置詞の目的語になるときは、動名詞の前には所有格を使いましょう。名詞または代名詞が動詞や前置詞の目的語になる場合、目的語の修飾には現在分詞（-ing形）を使います。

次の文を日本語にしましょう。
1. I prefer the students studying English.
2. I prefer the students' studying English.
3. I don't approve of Mary's quitting her job.

ANSWERS 1.私は英語を勉強している学生の方が好きです。 解説 studentsが動詞preferの目的語。 2.私は学生には英語を勉強してほしい。 解説 students' studying Englishが動詞preferの目的語。 3.私はメアリーが仕事を辞めることを認めない。

UNIT
1-14

仮主語itの構文をおさらい!
thatは相手の話を受けた返答のときに使おう

日本人の混乱度

例文で間違いさがし!

1. ○ **It's okay if** you want to come tomorrow. （明日来たいのなら、いいよ）
2. ✕ **That's okay if** you want to come tomorrow.

3. ○ **It's best to** come tomorrow. （明日来るのが一番いい）
4. △ **To come tomorrow is best.**

5. ○ **It's a good idea that you <u>find</u> a new job before you quit your current one.** （今の仕事を辞める前に新しい仕事を見つけるのはよい考えだ）
6. ✕ **It's a good idea that you <u>will find</u> a new job before you quit your current one.**
7. △ **A good idea is that you find a new job before you quit your current one.**

　仮主語のitをうまく使えない日本人は意外と多いです。itの代わりにthatやthisを使ってみたり、仮主語itの構文が自然なところに他の形をもってきたりと、誤用はさまざまですが、仮定の状況を述べる際の動詞の時制にも注意が必要です。

1&2 相手の気持ちを楽にする意味でよく会話で使われるThat's OK.を、仮主語itの文と混同している人がたまにいますね。次の構文を頭に入れてください。〈It＋be動詞＋形容詞／名詞＋if/whether ...〉

　例文1は仮主語のitを使って、The situation is okay if you want to come tomorrow.という意味のことを言っています。この文では、the situationをthatやthisで置き換えることはできません。

　ただし、〈That is＋形容詞＋if ...〉が自然な場合もあります。例えば、相手が述べた個人的な事柄について返答する場面などです。

A: I have to learn English for work. （仕事のために英語を学ばなきゃならないんだ）

B: **That's** great if you enjoy English, but it's tough if you don't. （英語が楽しいのなら、それはいいことだね。けど、楽しくないのなら、きついね）

　ここでのthatはAが述べた内容を指しています。

例文3は次のパターンです。〈It＋be動詞＋形容詞／名詞＋to不定詞〉。もちろん、この構文はto不定詞（to come）で始めても同じ意味を表すことができますが、仮主語のitを用いた方がたいていの場合、より自然です。

これらの文は〈It＋be動詞＋形容詞／名詞＋that ...〉という構文です。ここでのポイントは、未来の仮定の状況（find a new job）を述べる際には未来時制（will find）よりも原形不定詞（find）を使うということです。

　過去について述べるのであれば、次のように過去時制が使えます。

○ **It is great that you found a new job.** （新しい仕事が見つかってよかったね）

　なお、次のような構文にすることも可能です。

〈It＋be動詞＋形容詞／名詞＋前置詞＋（人）＋to不定詞〉

○ **It is good for you to eat vegetables.** （野菜を食べるのはあなたにとってよいことだ）

　仮主語のitは以下の構文で一般的によく用いられます。

〈It＋be動詞＋形容詞／名詞＋if/whether ...〉〈It＋be動詞＋形容詞／名詞＋to不定詞〉〈It＋be動詞＋形容詞／名詞＋that ...〉〈It＋be動詞＋形容詞／名詞＋前置詞＋（人）＋to不定詞〉

　仮主語のitはthatやthisに置き換えることはできません。また、未来の仮定の状況には、未来時制ではなく原形不定詞を使いましょう。

QUESTIONS

次の文を仮主語itで始まる文に書き直しましょう。

1. **That Carlos loves Molly is certain.**
（カルロスがモリーを愛していることは確かだ）

2. **To be alive is bliss.**
（生きていることがこの上ない喜びだ）

3. **If you turn in your homework tomorrow is okay.**
（明日宿題を提出するなら問題ない）

ANSWERS

1. It is certain that Carlos loves Molly. 解説 〈It＋be動詞＋形容詞／名詞＋that ...〉の構文にする。 2. It is bliss to be alive. 解説 〈It＋be動詞＋形容詞／名詞＋to不定詞〉の構文にする。 3. It is okay if you turn in your homework tomorrow. 解説 この文頭にthatを使うのはNG。

UNIT 1-15　文の主語とその補語は意味が通るように しっかりマッチさせよう!

日本人の混乱度   😩

例文で間違いさがし!

1. ✕　My <u>dream</u> is a <u>teacher</u>.
2. ○　My <u>dream</u> is <u>to become a teacher</u>.（私の夢は先生になることだ）

3. ✕　Vincent's <u>problem</u> is always <u>late</u>.
4. ○　Vincent's <u>problem</u> is <u>that he is always late</u>.
 （ビンセントの困ったところはいつも遅刻することだ）

5. ✕　My <u>impression</u> of her is a kind <u>person</u>.
6. ○　My <u>impression</u> of her is <u>good</u>.（私の彼女に対する印象はよい）
7. ○　My <u>impression</u> is <u>that she is a kind person</u>.
 （私の印象は彼女がよい人だということだ）

　文の主語とその補語が一見ちゃんと合っているようで合っていない…これって日本人がけっこう見過ごしがちなミスなんです。

1&2　補語が名詞でbe動詞のあとに続く場合、例文2のように主語（dream）と補語（to become a teacher）が対等の関係にならなければなりません。ここで言っている「夢」とは「目標」（先生になること）であって、「職業」（先生）ではないのです。また、以下の例のように「仕事」と「職業」をイコールにしてしまうミスも見受けられます。

✕ My <u>job</u> is an <u>English teacher</u>.
○ My <u>job</u> is <u>teaching English</u>.（私の仕事は英語を教えることだ）
○ I am an English teacher.（私は英語の教師だ）

3&4　補語が形容詞でbe動詞のあとに続く際は、それが主語を説明する働きをしますが、主語と対等の関係にはなりません。例文3は（Vincentではなく）problemそのものがlateということになってしまい、意味が通らないのです。例文4は補語が名詞なので、主語（problem）は補語（that he is always late）としっかり一致しています。もし形容詞lateを補語として使いたいなら、Vincentを主語にしてlateがVincentを説明する文を作りましょう（次の例参照）。

○ Vincent is always late.（ビンセントはいつも遅刻する）

5、6&7 例文5は主語 (impression) が補語である名詞 (person) と対等の関係になっており、意味が通りません。impression (印象) は、例文6のように形容詞の補語 (good) で説明することができます。もしくは、補語の名詞をthat she is a kind personというふうにimpressionと対等になるよう変えることも可能です (例文7)。My impression is (that) ... の構文は、以下の例のようによく使われます。

○ My <u>impression</u> is <u>that these students will be the leaders of tomorrow</u>.

（私の印象は、これらの学生たちが将来の指導者になるだろうということだ）

ちなみに、My feeling is (that) ... はI feel (that) ... と同じ意味で用いられます（次の例参照）。

○ My <u>feeling is</u> that life was better before smartphones.

（人生はスマートフォン以前の方がよかった、と私は感じる）

> 　補語が名詞でbe動詞のあとに続く場合、その補語は主語と対等の関係になります。補語が形容詞でbe動詞のあとに続く際は、その補語は主語を説明する働きをします。英作文をするときは、補語の品詞を確認し、それが主語と対等な関係なのか主語を説明するのかをしっかりチェックしましょう。

QUESTIONS

次の文を正しい文にしましょう。

1. Marcel's plan is a high-paying job.
2. Jennifer's work is a lawyer.
3. My feeling is a good day.

ANSWERS

1. **Marcel's plan is to find a high-paying job.** （マーセルの計画は高給な仕事を見つけることだ） 解説 plan （計画）とjob（仕事）はイコールではない。この場合、「Marcel's plan is ＋ to不定詞」とするのが一般的。 2. **Jennifer is a lawyer.** （ジェニファーは弁護士だ） 解説 job同様、workも職業とイコールではない。 3. **My feeling is (that) today is a good day. / I feel (that) today is a good day.** （今日はよい日だと感じる） **/ I feel good today.** （今日は気分がいい） 解説 feeling （感覚）はday（日）と対等の関係ではない。元の文は何通りかに書き直せる。1）主語のfeelingを名詞である補語（that以下）と対等にする。2）I feelを用いてthat節の主語（today）とa good dayを対等にする。3）形容詞である補語（good）をI feelに続ける。

動詞、句動詞、助動詞

UNIT 2-1 「～させる」を表すhave、make、let、getの違いを押さえよう!

日本人の混乱度

例文で間違いさがし!

1. ✕　Cassie <u>had</u> her son <u>to buy milk</u> on his way home from school.
2. ○　Cassie <u>had</u> her son <u>buy milk</u> on his way home from school.
3. ○　Cassie <u>got</u> her son <u>to buy milk</u> on his way home from school.
（キャシーは息子に学校からの帰り道で牛乳を買ってきてもらった）

4. ✕　Our boss <u>makes to us to report</u> our mistakes every week.
5. ○　Our boss <u>makes us report</u> our mistakes every week.
（私たちの上司は毎週、私たちにミスを報告させる）

6. ○　Our boss <u>lets us work</u> from home whenever we want.
（私たちの上司は希望する時はいつでも在宅勤務をさせてくれる）

7. ○　The police will <u>have</u> the suspect <u>confessing</u> in no time!
（警察は容疑者をすぐに自供しているようにするだろう！）

8. ○　The teacher will <u>get</u> her <u>speaking</u> English within two weeks!
（その教師は2週間以内で彼女が英語を話しているようにするだろう！）

　使役動詞のhave、make、let、get。これらは文脈やニュアンスによって使い分ける必要があり、そこをいま一つ把握していない日本人は多いですね。ここでその違いと使い方、意味などをしっかりおさらいしておきましょう。

[1、2&3]　「have＋人＋<u>原形不定詞</u>」（例文2）と「get＋人＋<u>to不定詞</u>」（例文3）はともに「（人に）～してもらう」という意味を表します（getにはto不定詞が伴うことに注意）。両方とも大体同じようなケースで用いられますが、haveは「人に頼みごととして、または対価を払って何かをしてもらう」場合によりよく使われ、一方getはよりカジュアルに「人を説得して何かをしてもらう」といった意味合いで使われる傾向があります。
　なお、「have＋O＋動詞の過去分詞」と「get＋O＋動詞の過去分詞」は次の例のように、動作主が特定されない（特定したくない）場合に有効です。

○　Jamie <u>has/gets</u> her nails <u>done</u> every Friday.（ジェイミーは毎金曜日にネイルの手入れをしてもらう）

4、5&6 makeは「（人に）強制的に何かをさせる」というニュアンスで用いられ、一方letは「（人に）自由に何かをさせる」という意味合いで用いられます。例文4のように、第1目的語（us）の前に前置詞（toなど）を入れないように注意しましょう。また、原形不定詞（report）の前にtoを置くのもご法度です。ただし次の例のように、受動態ではto不定詞が使われます。

○ We <u>are made to report</u> our mistakes every week.（私たちは毎週、ミスを報告させられる）

なお、makeは補語として形容詞または名詞をとることもあります（次の例参照）。

○ Doing karaoke with friends <u>makes me happy</u>, but it won't <u>make me a professional singer</u>.（友達とカラオケをするのは楽しいが、それでプロ歌手になれるわけではない）

言わずもがなですが、ここでのmakeは、目的語を2つとる（「作る」などの意味の）makeとは用法が異なります（例：I made my family dinner.）。

7&8 この例文7、8のように、haveとgetは継続中の動作を表す際には動詞の-ing形とともに用いることができます。これらの表現はしばしば「時間枠」を表す語句（in no time「すぐに」、before you know it「いつの間にか」など）と一緒に使われます（次の例参照）。

○ [自動車整備士が顧客に] I'll have this car working in no time!（この車はすぐに動いているようにしますよ！）

> 使役動詞のhave、make、letは原形不定詞とともに、getはto不定詞とともに使われます。「make＋人＋〜」の「〜」の部分には補語として形容詞または名詞がくることもあり、haveとgetは継続中の動作を表す際には動詞の-ing形をとることも可能です。

QUESTIONS

have、make、let、getのいずれかを正しい形にして空所を埋めましょう。

1. Joe's parents _____ Joe do his own laundry every day.
（ジョーの両親は毎日ジョーに自分の洗濯物を洗濯させる）

2. Joe's parents _____ Joe use his smartphone late at night, so long as he finishes his homework.
（ジョーの両親は彼が宿題を終えている限り、深夜にスマートフォンを使わせる）

3. Joe's parents _____ Joe to admit he was texting a girl.
（ジョーの両親はジョーが女の子にメールをしていたことを認めさせた）

ANSWERS

1. **make** 解説 ここでのmakeは「強制的に〜させる」の意味。 2. **let** 解説 ここでのletは「自由に〜させる」の意味。 3. **got** 解説 ここでのgetは「説得して〜させる、〜してもらう」の意味。

UNIT 2-2

句動詞はその構成要素（動詞＋副詞、前置詞）によって
目的語の置き場所が変わってくる!

例文で間違いさがし!

1. ✗　We called off it because of bad weather.
2. ○　We called it off because of bad weather.
   （私たちは悪天のためそれを中止した）
3. ○　We called off the event because of bad weather.
   （私たちは悪天のためそのイベントを中止した）

4. ✗　The teacher called her on to answer the question.
5. ○　The teacher called on her to answer the question.
   （先生は彼女に質問に答えるよう求めた）

6. ✗　I hope Liz doesn't get away her crime with.
7. ○　I hope Liz doesn't get away with her crime.
   （私はリズが彼女の罪から逃れないことを願っている）
8. ○　I hope Liz doesn't get away with it.
   （私はリズがそのことから逃れないことを願っている）

「動詞＋副詞」または「動詞（＋副詞）＋前置詞」の形を句動詞といい、get up（起きる）やput on（身につける）など、おなじみのものも多いと思います。でも、これに目的語が組み合わさってくると、特にその置き場所にミスをしてしまう日本人は少なくないですね。

1、2 & 3　例文1〜3のcall offは句動詞で、動詞callのあとに副詞のoffが続いています。句動詞は目的語をとる他動詞の働きをしたり（ここでのcall off the eventのように）、次の例のように自動詞になったりします。

○　The car broke down.（その車は故障した）

○　We eat out most Friday nights.（私たちは金曜の夜はたいてい外食する）

他動詞タイプの句動詞の目的語はほとんどの場合、副詞の前かあと（call the event offまたはcall off the event）に置くことが可能ですが、例文2のように目的語が代名詞のときは副詞の前に置きます（call it off）。

4&5 例文4、5のcall onは「動詞＋前置詞」の形の句動詞です。onは副詞にも前置詞にもなりえますが、ここでは前置詞であることに注意しましょう。このタイプの句動詞は目的語（her）を必要とし、その目的語が代名詞であっても、前置詞のあとにこなければなりません（call on her）。同様の句動詞には他に次のようなものがあります。

agree with（同意する）、arrive at（到着する）、believe in（信じる）、care for（大切にする）、comment on（意見を言う）、count on（頼りにする）、deal with（対処する）、laugh at（笑う）、look after（世話をする）、pay for（代金を払う）、wait for（待つ）、work for（仕える）

6、7&8 ここでの句動詞は「動詞＋副詞＋前置詞」です。「動詞＋前置詞」のときと同じように、目的語はそれが代名詞であっても前置詞のあとに置かれなければなりません（get away with it）。このタイプの句動詞には他に次のようなものがあります。

do away with（処分する）、face up to（立ち向かう）、listen out for（耳を傾ける）、look up to（尊敬する）、put up with（我慢する）、run up against（立ち向かう）

> 「動詞＋副詞」の句動詞は他動詞にも自動詞にもなりえ、他動詞の場合の目的語は基本的に副詞の前にもあとにも置くことができますが、代名詞のときは副詞の前に置きます。「動詞＋前置詞」と「動詞＋副詞＋前置詞」の句動詞は必ず目的語をとり、その目的語は常に前置詞のあとにきます。

QUESTIONS

次の文を正しい文にしましょう。

1. Felicia dropped off him at the station.
2. Mel says he doesn't believe it in anymore.
3. Liv always looked up Michael.

ANSWERS

1.**Felicia dropped him off at the station.**（フェリシアは駅で彼を降ろした）解説 drop offは「動詞＋副詞」なので、目的語が代名詞（him）の場合は副詞（off）の前に置く。2.**Mel says he doesn't believe in it anymore.**（メルはもう自分はそれを信じていないと言っている）解説 believe inは「動詞＋前置詞」なので、目的語（it）は前置詞（in）のあとにくる。3.**Liv always looked up to Michael.**（リブはいつもマイケルを尊敬している）解説 look upは自動詞の句動詞で、目的語（Michael）をとるにはlook up toという他動詞の働きをする句動詞（動詞＋副詞＋前置詞）にする必要がある。

UNIT 2-3 条件文のif節では、たとえ未来のことを述べていても willやwouldを使わない

日本人の混乱度

例文で間違いさがし！

1. ✕ If it <u>will rain</u> tomorrow, <u>we'll</u> cancel the picnic.
2. ○ If it <u>rains</u> tomorrow, <u>we'll</u> cancel the picnic.
   （もし明日雨なら、ピクニックは中止するつもりだ）

3. ✕ If it <u>isn't raining</u>, I <u>go</u> to the picnic.
4. ○ If it <u>weren't raining</u>, I <u>would go</u> to the picnic.
   （雨が降っていなければ、ピクニックへ行くのに）

5. ○ If it <u>hadn't been raining</u>, I <u>would have gone</u> to the picnic.
   （雨が降っていなかったら、ピクニックへ行ったのに）

6. ✕ Whether it <u>will rain</u> or not, <u>we'll</u> have the picnic.
7. ○ Whether it <u>rains</u> or not, <u>we'll</u> have the picnic.
   （雨が降っても降らなくてもピクニックをするつもりだ）

　久々の典型的な「日本人あるある」です。仮定の話をする条件文でif節をつい未来時制にしてしまう人、いませんか。また、仮定法過去と仮定法過去完了の使い方があやふやな人もけっこういます。ここでしっかり正解を押さえておきましょう。

1&2 例文1、2でわかるように、主節が未来時制（we'll cancel）であっても、基本的にif節ではwillやwouldを使いません。ただし例外として、人の乗り気を表す際にはwillまたはwouldを用いることもあります。

○ If Leslie <u>will agree</u> to follow the rules, everything will go smoothly.（レズリーがルールに従うのに同意すれば、すべて順調にいくだろう）

3、4&5 例文4では、weren't rainingは現在起きていることに反する仮定の状況で、would goはこの仮定の状況が実際に起きている場合に話者がとる行動です。つまり、現実としては今雨が降っているわけです。この「仮定法過去」の文を成立させるには、if節のbe動詞をwereにして、主節ではwouldを原形不定詞（go）と組み合わせます。（口語ではIf it weren't rainingの代わりにIf it <u>wasn't</u> rainingと言うネイティブもいます）

　例文5のhadn't been rainingは過去における仮定の状況（実際には起こらなかった状況）です。主節はこの仮定の状況が実際に起きていた場合に、したであろう行動を述べて

います。この「仮定法過去完了」を用いて過去の仮定の状況を表すには、if 節を過去完了形（hadn't been）にして、主節には過去時制の助動詞（would）＋現在完了形（have gone）を用います。次の例も参照してください。

○ If the Beatles <u>had broken up</u> in 1966, Paul McCartney <u>might not have written</u> "Hey Jude." （もしビートルズが1966年に解散していたら、ポール・マッカートニーは「ヘイ・ジュード」を書かなかったかもしれない）

mightの代わりにcouldとwouldを使うことも可能です。

6&7 whetherもifと同じ時制の用法になり、whetherのあとにはwillやwouldを使いません。次の例のようにunlessとin caseも同様です。

○ <u>Unless it rains</u>, we'll have the picnic. （もし雨が降らなければ、ピクニックをするつもりだ）
　 × Unless it will rain, ...

○ <u>In case it rains</u>, I'll take an umbrella. （雨が降った場合に備えて傘を持っていこう）
　 × In case it will rain, ...

条件文中の if、whether、unless、in case を伴う節では will や would は使いません（人の乗り気を表す際には will または would を例外的に用います）。現在における仮定の状況を述べるには if 節を過去時制にします。過去における仮定の状況（実際には起こらなかった状況）を述べるときには if 節に過去完了形を使いましょう。

[　]内の正しい語（句）を選びましょう。

1. If I [will go / go / went] to the party, I'll take salad.
   （そのパーティーに行くなら、サラダを持っていこう）

2. If I were you, [I'd go / I go / I will go] to the party.
   （もし私があなたなら、そのパーティーに行くのに）

3. If I had gone to the party, I [will have taken / would have taken / would take] a salad. （そのパーティーに行ったなら、サラダを持っていったのに）

1. go 解説 主節の未来時制に合うように if 節では現在時制の go を使う。 2. I'd go 解説 現在における仮定の状況には would ＋ go を使う（I'd ＝ I would）。 3. would have taken 解説 if 節の had gone to the party が過去における仮定の状況を示しているので、主節は would ＋現在完了形。

UNIT 2-4 動詞wishに続く節は、時制をひとつ前に戻して実現の不可能性を表す

日本人の混乱度

例文で間違いさがし！

1. ✕　Molly wishes (that) she <u>can</u> move to Ireland.
2. ○　Molly wishes (that) she <u>could</u> move to Ireland.
（モーリーはアイルランドへ移住できればいいのに、と思っている）
3. ○　Molly hopes (that) she <u>can</u> move to Ireland.
（モーリーはアイルランドへ移住できることを願っている）

4. ✕　Molly wishes (that) her parents <u>will find</u> jobs in Ireland.
5. ○　Molly wishes (that) her parents <u>would find</u> jobs in Ireland.
（モーリーは両親がアイルランドで仕事が見つかるといいなと思っている）

6. ✕　Molly's parents wish (that) they <u>never left</u> Ireland.
7. ○　Molly's parents wish (that) they <u>had never left</u> Ireland.
（モーリーの両親はアイルランドを離れなければよかったと思っている）

　動詞のwishとhopeを混同して使っている日本人は多いですね。特にwishは実現可能性が極めて低いことを望んだり、実現しなかったことを後悔したりするときに主に使われます。これ、今回のポイント！

1、2&3　「wish＋that節」は、その望み (she can move to Ireland) がたいていほぼ実現不可能な場合に使われます。そのため、時制をひとつ前の過去時制 (<u>could</u> move to Ireland) に戻すのです。次のフレーズのように、wishをif onlyと同様の意味ととらえることもできます。

○　If only I <u>could</u> move to Ireland ... （アイルランドに移住さえできれば）

✕　If only I <u>can</u> move to Ireland ....

　なお、be動詞で表される現在の望みの場合、wasはしばしばwereに置き換えられます（次の例参照）。

○　Molly wishes that she <u>were</u> in Ireland. （モーリーは自分がアイルランドにいればいいのにと思っている）

　一方、hopeは一般的に実現可能性の高い望みに使われます。そのため、例文3のように時制変化はありません (<u>can</u> move to Ireland) 。

4&5 例文5は将来的な望みについて述べています。そして、ここでもその実現可能性は低いので、助動詞willを過去形のwouldにする必要があります。もしモーリーの両親がアイルランドで仕事を見つけられる可能性がかなり高ければ、hopeとwillを用いて次のように言えるでしょう。

◯ **Molly hopes that her parents will find jobs in Ireland.** (モーリーは両親がアイルランドで仕事を見つけることを願っている)

6&7 wishは実現しなかった過去の望みや後悔を表すのにも、よく使われます。この場合のthat節は、過去形(left)ではなく過去完了形(had left)を用いることに注意してください。この意味でhopeを使うことはできませんが、次のようにif onlyで言い換えることは可能です。

◯ **If only Molly's parents had never left Ireland ...** (モーリーの両親がアイルランドを離れてさえいなかったら)

> wishはしばしば実現不可能な望みを表すのに使われます。そのため、現在の望みを述べるときには過去形を、将来的な望みを述べる際には助動詞would(willの過去形)を、実現しなかった過去の望みを述べる際には過去完了形を用いましょう。

QUESTIONS

動詞wishを使って次の日本語を英語にしましょう。
1. 智子は俊(しゅん)に出会わなければよかったと思っている。
2. 純子は犬を飼っていればいいなと思っている。
3. 容疑者の弁護士は、容疑者がマスコミに話すのをやめてほしいと願っている。

ANSWERS

1. **Tomoko wishes (that) she had never met Shun.** 解説 過去形(met)ではなく過去完了形(had met)を使うこと。 2. **Junko wishes (that) she had a dog.** 解説 今犬を飼いたいと思っていても、that節は過去時制にする。 3. **The suspect's lawyer wishes (that) the suspect would stop talking to the press.** 解説 willの過去形wouldを用いる。

UNIT 2-5

mindでたずねられたら「はい」ならno、「いいえ」ならyes を。さらに一言加えて紛らわしさ解消!

日本人の混乱度

例文で間違いさがし!

1. ✕　**Do you mind turn off the music?**
2. ○　**Do you mind if I turn off the music?** （音楽を止めてもいいですか）
3. ○　**Do you mind turning off the music?** （音楽を止めてもらえませんか）

＊例文2の問いかけに答えて

4. ✕　**Yes, go ahead.**
5. ○　**No, I don't mind. Go ahead.** （はい、いいですよ。どうぞ）
6. ○　**Sure/Okay, no problem. Go ahead.** （もちろん、いいですよ。どうぞ）

＊例文3の依頼に答えて

7. ✕　**Don't mind.**
8. ○　**Not at all. I'll turn it down.** （はい、いいですよ。止めましょう）

　英語で「〜してもいいですか」「〜してもらえませんか」と言うとき、動詞mindを使うことがよくあります。ところが、これが日本人とってはなかなかの曲者で、その用法や答え方についてこんがらがっている人も多いです。しっかり整理しておきましょう。

1、2&3　Do/Would you mind if I ... ?はMay I ... ?と同じように許可を求めるときに使われます。一方、Do/Would you mind ~ing?は依頼をする際の表現です。どちらの言い方も、wouldを使った方がdoよりも丁寧になり、職場などでは次のようにたずねるのが適切でしょう。

○　**Would you mind if I take the rest of the afternoon off?** （午後休みを取ってもいいでしょうか）

○　**Would you mind coming in early tomorrow?** （明日は早めに来ていただけませんか）

4、5&6　Do you mind if I ... ?と聞かれたら、単なるyesかnoよりも文で答えるのがベストです。文字通りの答えとしては次のようになるでしょう。

No, I don't mind. (= Yes, you may.) （はい、いいですよ）/ Yes, I mind. (= No, you may not.) （いいえ、よくないです）

　mindは「〜を気にする」という意味なので、OKの場合はnoを使い、ダメな場合はyesを用います。ここが日本語の感覚と逆になるので注意!

ところが実は<ruby>ネイティブでさえ、単に<rt></rt></ruby>yesかnoだけで返されるとわかりにくい場合がよくあるのです。例えば、No, I don't mind.ならまだいいのですが、noだけだと実際ちょっと紛らわしいですね。そこで、Sure/Okay, no problem.などと答えるのが一般的になっています。そしてさらにGo ahead.などと加えるとよりクリアな返答になり、勘違いもなくなるでしょう。

　なお、拒絶したい場合はsorryと言ってから、理由とどうしてもらいたいのかを丁寧に伝えるのがよいと思います（次の例参照）。

○ **Sorry, the music helps me relax. Please don't turn it off.**（すみません、音楽を聴いているとリラックスできるんです。止めないでいただけますか）

7&8 例文7のような、主語のないDon't mind.だけではDo/Would you mind ... ?の返答にはなりません。むしろ、Don't mind me. I'm just ...（気にしないでください。私はただ…）という意味になってしまいます。例文8のNot at all.はNo, I don't mind.の丁寧な言い方で、とてもよく使われます。例文6にあるSure/Okay, no problem.も一般的な返答です。

　Do you mind if I ... ?またはDo you mind ~ing?とたずねられたら、文字通りの返答（yesかno）だけではしばしば紛らわしいので、理由も添えた文で返答するのがベストです。

QUESTIONS

次の文をDo/Would you mindで始まる、ほぼ同じ意味を表す文に書き直しましょう。
1. **May I eat a snack now?**（今スナックを食べてもいいですか）
2. **Can you buy milk on your way home?**（帰りに牛乳を買ってきてもらえませんか）
3. **Please open the curtains.**（カーテンを開けてもらえませんか）

ANSWERS

1. **Do/Would you mind if I eat a snack now?** 解説 このような問いかけにはSure/Okay, go ahead.またはSorry, but ... などと答えるのが一般的。2. **Do/Would you mind buying milk on your way home?** 解説 このような依頼にはSure/Okay, no problem.などと返答するのが一般的。3. **Do/Would you mind opening the curtains?** 解説 もし自分もカーテンを開けたいと思っているなら、Good idea, I'll do that.などが丁寧な返答。

UNIT 2-6

「義務・予測」を表すshouldとbe supposed toは個人的な主観を述べるかどうかで使い分けよう!

日本人の混乱度

例文で間違いさがし!

1. ✕ **I should go** to New York City **for work** tomorrow.
2. ○ **I'm supposed to go** to New York City **for work** tomorrow.
   （私は明日仕事でニューヨークへ行くことになっている）

3. ○ **I feel I should go** to New York City **to visit my grandmother** in the hospital.（私は入院中の祖母の見舞いにニューヨークへ行くべきだと感じている）
4. ✕ **I feel I'm supposed to go** to New York City **to visit my grandmother** in the hospital.

5. ○ **Lucille did very well** in high school. She **should do** well in college.（ルシールは高校でとても良い成績だった。大学でも良い成績のはずだ）
6. ✕ **Lucille did very well** in high school. She **is supposed to do** well in college.

　「義務」や「予測」を表す文でshouldと be supposed toを混用している人、多いですよ。この2つは、個人的な主観や社会的な予測・見込みなどによって正しく使い分ける必要があるのです！

1&2 例文2は、個人的な主観というよりも社会的な見込み (for work) によってニューヨークへ行くという義務が述べられているので、shouldよりbe supposed toがベターです。be supposed toは規則や約束、予定、社会的な見込みによって何らかの義務を果たす場合、shouldよりも好んで使われます（次の例参照）。

○ **I'm supposed to** go to the dentist tomorrow.（私は明日、歯医者へ行くことになっている）

　＊この文は通常、話者自身が歯医者に予約を取っていることを表しますが、第三者（配偶者とか親とか）が話者が歯医者へ行くことを見込んでいるという意味にもとれます。

3&4 例文3では、話者は（祖母を見舞うために）ニューヨークへ行くという義務を強く感じています。このように、社会的な見込みよりも主観によって義務を述べる際はbe supposed toよりもshouldが用いられます（次の例参照）。

○ **I should** go to the dentist tomorrow.（私は明日、歯医者へ行くべきだ）

　＊この文では話者は歯医者の予約を取ってあるとは限りません。

5&6 例文5は、「高校でとても良い成績だった」という根拠に基づいて「大学でも良い成績のはずだ」と主観的な予測を述べているので、shouldが適切です。

ただし、「予測」を表す際のshouldとbe supposed toはニュアンスが微妙に違うだけで両方OKというケースもよくあります（次の例参照）。

○ **The boys should arrive tomorrow.**（少年たちは明日到着するはずだ）

○ **The boys are supposed to arrive tomorrow.**（少年たちは明日到着することになっている）

 ※shouldは話者の主観が若干強まり、be supposed toは他の人が述べたことを根拠にしているニュアンス
  が強まります。

> shouldは、個人的な主観として義務や予測を述べるときに使います。be supposed toは規則や約束、予定、または社会的な見込みなどに基づいて義務や予測を述べる際に使いましょう。

[ ]内の正しい方を選びましょう。

1. **According to company policy, employees [are supposed to / should] work less than 30 hours of overtime each month.**
   （社則によると、従業員は毎月の残業を30時間以下にすることになっている）

2. **Laura's mother thinks Laura [is supposed to / should] take a year off before going to college.**
   （ローラの母親は、ローラが大学に通う前に1年休暇を取るべきだと思っている）

3. **The plane [is supposed to / should] land at 5:14 p.m.**
   （その飛行機は午後5時14分に到着することになっている）

1. are supposed to 解説 company policy（社則）は規則なのでare supposed toが適切。 **2. should** 解説 ローラの母親の主観的な考えを述べているのでshouldが適切。 **3. is supposed to** 解説 ここではshouldも可だが、is supposed toの方が5時14分が正確な到着予定時刻であることを強調する。

UNIT 2-7

過去に起こったことの「確信度」を
「さまざまな助動詞＋現在完了形」で表そう!

日本人の混乱度

例文で間違いさがし!

＊1時間前に到着するはずだったが、まだ来ていないローレンについて

1. ✕　Lauren <u>should/ought to arrive</u> by now.
2. ◯　Lauren <u>should/ought to have arrived</u> by now.
（ローレンは今現在までに到着するはずだった）

3. ✕　Lauren <u>must have arrived</u> by now.

＊合理的な予測によってすでに到着しているはずだが、まだそれが確認されていないマシューについて

4. ✕　Matthew <u>must arrive</u> by now.
5. ◯　Matthew <u>must have arrived</u> by now.
（マシューは今現在までに到着しているはずだ）

＊合理的な予測によって1時間以内に到着しそうなマシューについて

6. ◯　Matthew <u>should arrive</u> within an hour.
7. ◯　Matthew <u>ought to arrive</u> within an hour.
（マシューは1時間以内に到着するはずだ）

　過去の出来事の「確信度」を表すのに、could/might/may/ought to/should/must/will/be supposed toを現在形と組み合わせてしまう日本人をよく目にします。ここは現在完了形と組み合わせないといけません。また逆に、これから起こることなのに、「could/might/may/must＋現在完了形」を使うケースもままあります。この場合には「should/ought to/be supposed to＋現在形」を使いましょう。

[1、2&3] 何かが起こることが予期されていて、まだ実現していない場合、「should/ought to＋現在完了形」（時にbe supposed to＋現在完了形）を使うことができます。例文2では、話者はローレンがまだ来ないことに懸念を示しています。こういう文ではshouldもought toも使用可能ですが、ought toの方がいくぶん使用頻度は低く、フォーマルな感じがします。

　なお、be supposed toは規則や約束、予定、その他の社会的な義務に対して用いられるのが自然です（次の例参照）。

◯　The earnings report <u>was supposed to</u> have been released in October, but it's been delayed. （収益報告書は10月に発行されることになっていたが、遅れている）

例文3は誤りです。could、might、may、must、willは何かが予定通りに起こらなかったことがわかっている状況では使えないからです。もしLauren could/might have arrived by now.という文なら「ローレンが到着している可能性が多少はある」という意味になります。ただし、We could/might have won if we had tried harder. のように、過去にできなかったことに対してcould/mightを使うことがあります（仮定法過去完了）。

| 4 & 5 | 例文5では、話者はマシューが到着したかどうかをまだ確認できていませんが、それを強く確信しているのでmustが使われています。確信の度合いは（大体ですが）、could < might < may < ought to = should < must < willの順で強くなります。ただ、話者の好みや声の調子によって確信度が変わってくることもありますのでご注意を。

| 6 & 7 | この両文では、これから起こることに対する確信度が述べられているので「助動詞＋現在形（現在完了形ではなく）」が適切です。

shouldとought toは、結果がまだ確かでない過去の出来事、または予期されているけれどもまだ起きていないことの確信度を表すのに使われます。shouldよりought toの方が使用頻度は低く、フォーマルな印象です。規則や約束、予定、社会的な義務などに基づくことにはbe supposed toを用いるのが適切です。could、might、may、must、willは、結果がまだ確かではない過去の出来事の確信度を述べるのに使われます。

QUESTIONS

次の日本語を英語にしましょう。
1. 里奈は5時までに着くはずだったが、まだ着いていなさそうだ。
2. 間違いなく里奈はもう着いているはずだ。
3. 里奈はもう着いているかもしれない。

ANSWERS

1. Rina should/ought to have arrived by 5 p.m., but she seems not to have arrived yet. 解説 ここではshouldとought toのどちらも可。 2. Rina must have arrived already. 解説 里奈がすでに着いている確信度は非常に強いので、mustが適切。 3. Rina could/might/may have arrived already. 解説 「could/might/may＋現在完了形」で何かが起きた可能性を表す。

丁寧な提案はyou might ... かyou might/may want to ... で

日本人の混乱度

例文で間違いさがし！

1. ✕　**You might to go out to dinner if you're tired of cooking.**
2. ○　**You might go out to dinner if you're tired of cooking.**
   （料理するのに飽きたら、夕食は外でしたらどうかな）

3. ○　**You may want to go out to dinner if you're tired of cooking.**
   （料理するのに飽きたら、夕食は外でした方がいいかもね）
4. ✕　**You may go out to dinner if you're tired of cooking.**
   ＊提案というよりも許可を与えている意味合いが強い

＊上司が部下に対して
5. ✕　**You had better have the email checked before sending it to the customer.** ＊上から目線で不適切
6. ○　**You might/may want to have the email checked before sending it to the customer.**
   （あなたはそのメールを顧客へ送る前にチェックしてもらった方がいいでしょう）

　mightなどの助動詞のあとに誤ってto不定詞を続ける日本人ってけっこういますね。また丁寧な提案をする際にmayとmightを誤用したり、（「～した方がいい」という日本語につられて）had better ... という上から目線の語句を多用してしまう人もいます。

 1&2 　例文1でわかるように、can、could、may、might、should、must、willなどの助動詞はto不定詞を続けてはいけません。例文2のように動詞の原形か、現在完了形を続けましょう。ただし、ought toやbe supposed toは、あとに動詞の原形をとるtoが含まれています。

 3&4 　例文3のように、丁寧な提案をする場合はyou may want to ... がよく使われます。提案の強さの度合いは（大体ですが）you might ... < you might want to ... < you may want to ... となります。なお、mayはmightと異なり、次のように許可を与える際に使われます。
○ **You may go out with your friends tonight.** （君は今夜、友達と出かけてもよい）
　例文4は外食の許可を与えていると考えられるので、相手との関係性によっては失

礼な響きになります。提案をしたいのならば、mightまたはmay/might want toを用いるのがベターです。

5&6 you had better ... は、たとえ上司が部下に話すときでも、オフィスやフォーマルな文脈では一般的に失礼であると考えられています。you might/may want to ... が無難な代替表現でしょう。mayとmightではmayの方がやや響きが強いですが、声のトーンや表情、文脈などによって印象は変わります。

　また次の例のように、これらの構文は否定文にもできます。

○ **You might/may not want to send such a harsh email to the customer.**（あなたは顧客に
　そんな攻撃的なメールを送らない方がいいでしょう）

　ちなみに、例文6をもう少し強めに言いたいときは（やはりhad betterは避けて）should probablyを使うのがオススメです。

○ **You should probably have the email checked before sending it to the customer.**

> 　丁寧な提案をしたいときはyou might ... やyou might/may want to ... を用いるのが一般的で、you had better ... よりもビジネスなどのフォーマルなシチュエーションには適しています。くれぐれもmightのあとにto不定詞を置かないように、また you may ... は許可を与えるときに使われることもお忘れなく。

QUESTIONS

次の文をyou might want to ... かyou may want to ... を使って書き直しましょう。

1. **You had better get to the meeting ten minutes early.**
　（あなたは10分前に会議に到着した方がいい）

2. **You had better double-check your work before turning it in.**
　（あなたは提出する前にその仕事をもう一度確認した方がいい）

3. **You had better not talk about politics in the office.**
　（職場で政治の話はしない方がいいですよ）

ANSWERS

1. You might/may want to get to the meeting ten minutes early. 解説 ビジネスの場ではこのように言うのが適切。 2. You might/may want to double-check your work before turning it in. 解説 had better ... は厳格な先生が生徒に話しているような場合に使われるので、このように変更すべき。 3. You might/may not want to talk about politics in the office. 解説 否定文にするにはmight/mayのあとにnotを挿入する。

bring、take、come、goは動作が向かう方向を考えて、正しく使い分けよう!

日本人の混乱度 😣😣😣

例文で間違いさがし!

1. ✕ Raul <u>brought</u> his daughter to a hockey game.
2. ◯ Raul <u>took</u> his daughter to a hockey game.
   （ラウルは娘をホッケーの試合に連れていった）

3. ◯ When Raul was in the hospital, his daughter <u>brought</u> him a picture. （ラウルが入院していたとき、彼の娘は絵を持ってきてくれた）

4. ✕ I love it here! Thanks for <u>taking</u> me.
5. ◯ I love it here! Thanks for <u>bringing</u> me.
   （ここはとても気に入ったよ！　連れてきてくれてありがとう）

6. ✕ Will you come here please?—Yes, I'm <u>going</u>.
7. ◯ Will you come here please?—Yes, I'm <u>coming</u>.
   （ここに来てくれますか。―はい、行きます）

8. ◯ We're <u>going</u> to a movie tonight. Can you <u>come</u> with us?
   （今夜映画に行こうと思っているんだ。一緒に来ない？）

　これまた日本人にとって紛らわしい語の登場です。bring、take、come、goは誰もが知っている基本的な動詞ですが、その動作が向かう方向を意識せずに、日本語につられて誤った使い方をしている人が実に多く見受けられます。ちょっとややこしいですが、自然な英語を身につけられるよう、おさらいしましょう。

1、2&3 一般的にbringとcomeは話し手または聞き手の方へ向かう動作の際に使われます。対して、takeとgoはその他の方向への動作（to a hockey game）に用いられます。例文3では、ラウルは話し手ではありませんが、話題の中心なのでbringが使われています。comeも同様に用いられ、次のように言うことができます。

◯ When Raul was in the hospital, his daughter <u>came</u> to visit. （ラウルが入院していたとき、彼の娘が見舞いに来た）

4&5 例文5は話し手と聞き手が今いる場所（here）への動作を表しているので、bringが適しています。comeも同様で、次のように使われます。

◯ I'm glad we <u>came</u> here. （ここに来られて嬉しいよ）　✕ I'm glad we went here.

comeとgoも各々、bringとtakeと同じパターンに従います。例文7の返答者は相手に向かう動作を述べているのでcomeが適しています。例文8のように、話し手と聞き手が一緒になって何かをする動作を表す際もcomeを使うのが自然です。他方、goはもともと意図している動作（going to a movie）を表す動詞になります。bringもcomeと同様に用いられます（次の例参照）。

○ I'm taking Jill out on a date tonight. Would you like to <u>come</u> with us and <u>bring</u> Sarah?
（今夜ジルをデートに誘おうと思っているんだ。君もサラを誘って一緒に行かない？）

---

bringとcomeは話し手または聞き手の方へ向かう動作を表すのに使われ、takeとgoはその他の方向への動作に用いられます。ただし、話題の中心が第三者で、この人物への動作であればbringとcomeを使うのが適しています。また、聞き手の動作が話し手の動作と一緒になるときもbringとcomeを使うことができます。

QUESTIONS

bring、take、come、goのいずれかを正しい形にして空所を埋めましょう。

1. We're having a party here tomorrow, and Jose is ＿＿＿＿＿＿ early to help us set up.
（私たちは明日ここでパーティーをする予定で、ホセが早めに来て準備を手伝ってくれる）

2. What should I ＿＿＿＿＿＿ to your party?
（パーティーには何を持っていったらいいかしら）

3. Laura ＿＿＿＿＿＿ her daughter to the doctor yesterday.
（ローラは昨日、娘を医者に連れていった）

ANSWERS

1. **coming** 解説 話し手に向かう動作を表す際にはcomeが使われる。 2. **bring** 解説 聞き手に向かう動作を表す際にはbringが用いられる。 3. **took** 解説 主語（Laura）の動作が話し手と聞き手がいない方へ向かう場合はtakeが使われる。（もし話し手が医者のオフィスにいるときはbringが適切）

紛らわしい語lie、lay、fall、dropは
自動詞と他動詞できっちり使い分けを!

日本人の混乱度

例文で間違いさがし!

1. ✕ I need to go <u>lay down</u> in bed for a bit.
2. ○ I need to go <u>lie down</u> in bed for a bit.
   （私は少しの間ベッドで横になる必要がある）

3. ○ Last night I <u>lay down</u> in bed for about an hour before falling asleep. （昨夜、私は寝入る前に1時間ほどベッドで横になっていた）

4. ✕ Martha <u>lied her baby</u> in the crib.
5. ○ Martha <u>laid her baby</u> in the crib. （マーサは寝台に赤ちゃんを寝かせた）

6. ✕ Jillian <u>fell</u> her keys on the floor.
7. ○ Jillian <u>dropped</u> her keys on the floor. （ジリアンは床に鍵を落とした）
8. ○ Jillian's keys <u>fell</u> off the table. （ジリアンの鍵はテーブルから落ちた）

　紛らわしい語の代表格ともいえるlieとlay。それぞれ「横になる」「横たえる」といった意味ですが、自動詞と他動詞で使い分けるのが一般に日本人は苦手なようです。lieの過去形がlayだったりするのも、またややこしい。さらに、fall（落ちる）とdrop（落とす）の違いも見ていきましょう。

　1、2&3 例文1、2でおわかりのように、「横になる」の現在形はlay（他動詞）ではなくlie（自動詞）です。lieの過去形がlayで、過去分詞はlainです（次の例参照）。

○ I <u>lay</u> in bed for an hour last night before I fell asleep.
　（私は昨夜、寝入る前に1時間ベッドで横になっていた）

○ I <u>have lain</u> in bed for an hour, but I still can't fall asleep.
　（私はベッドで1時間横になっているが、まだ眠れない）

　なお、動詞lieには「嘘をつく」という意味もありますが、この場合の過去形と過去分詞はともにliedです（次の例参照）。

○ Sam <u>lied</u> to his parents about going to the library. （サムは両親に図書館へ行くと嘘をついた）

　4&5 他動詞layは「横たえる、置く」という意味で、過去形と過去分詞は、次の例のようにlaidです。

○ Martha will join us after she has <u>laid</u> the baby down to sleep.

（マーサは赤ちゃんを寝かしつけたあとで参加するだろう）

6、7&8 例文6、7のように、「落とす」の意味を表すのは他動詞dropで、fall（過去形：fell）ではありません。fall（fell）は目的語（keys）をとれないので、例文6は誤りです。この自動詞fallはしばしばoff、down、on、ontoなどの前置詞と一緒に使われることも覚えておきましょう（次の例参照）。

○ The marble <u>fell off</u> the table and <u>onto</u> the floor.

（そのビー玉はテーブルから床の上へ落ちた）

なお、dropも時にfallの意味の自動詞として使われることがあります。

○ The temperature <u>dropped/fell</u> to 5 degrees Celsius last night.

（昨夜は気温が摂氏5度まで下がった）

> 「横になる」の意味の自動詞 lie は lie-lay-lain と活用し、「横たえる、置く」の意味の他動詞 lay は lay-laid-laid と活用します。fall は自動詞で目的語をとりませんが、drop は他動詞にも自動詞にもなりえます。

QUESTIONS

lie、lay、fall、dropのいずれかを正しい形にして空所を埋めましょう。

1. When Carrie came home, Jake was _____ down on the sofa.
（キャリーが帰宅したとき、ジェイクはソファーで横になっていた）

2. Silver Bridge, which spanned the Ohio River between West Virginia and Ohio, _____ down in 1967.
（ウエストバージニア・オハイオ間のオハイオ川にかかっていたシルバーブリッジは1967年に落下した）

3. The dog ate the food we had _____ on the floor.
（犬は私たちが床に落とした食べ物を食べた）

ANSWERS

1. **lying** 解説 自動詞lieの過去進行形。 2. **fell** 解説 fall downで「落下する、倒れる、転ぶ」の意味。
3. **dropped** 解説 他動詞dropの目的語がfood。

UNIT 2-11　現在形と現在進行形は、習慣的なことか期間限定的なことかで使い分けよう!

日本人の混乱度

例文で間違いさがし!

1. ✕　**I'm going to work by train every morning.**
2. ○　**I go to work by train every morning.**（私は毎朝、電車で通勤している）
3. ○　**This week, I'm taking the train to work.**
（今週、私は通勤に電車を使っている）

4. ✕　**I jog right now.**
5. ○　**I jog every morning.**（私は毎朝ジョギングをしている）
6. ○　**I'm jogging in the morning these days.**
（私はこの頃朝にジョギングをしている）

7. ○　**My dad's plane arrives around 6 p.m.**
（私の父の飛行機は午後6時頃に到着する）

8. ○　**I'm leaving for Chicago in a few days.**
（私は数日後にシカゴへ出発する予定だ）

　おなじみの「現在形」と「現在進行形」ですが、その使い分けには少なからず混乱があるようです。特に、現在の習慣や癖、未来の予定などについて述べるとき、現在形と現在進行形を適切に使えない日本人は多いようですね。

1、2＆3 例文2のように、習慣や癖について述べる際は現在形を使います。そして、今この瞬間または直近の期間に行われている動作には現在進行形が用いられます（例文3）。ただし、例えば誰かが特に不快な癖を持っている場合などには、次のように現在進行形を用いて表現します。

○　**My coworker is always talking with his mouth full.**（私の同僚はいつも口の中を食べ物でいっぱいにしながらしゃべる）

　こういった不快感を表す文には現在分詞の前にalwaysを挿入するのが一般的です。

4、5＆6 例文4は、今この瞬間（right now）にしていることを述べるには現在進行形（am jogging）を使う必要があるので、誤りです。例文5は習慣を述べているので現在形（jog）で正解です。また、習慣は習慣でも限定された直近の期間（these days）の習慣を

表す際は現在進行形（am jogging）を用いるのが適切です（例文6）。

7&8 現在形と現在進行形は未来に起こることを述べる際にも使われる場合があります。よくあるケースでは、例文7のように、現在形は飛行機や電車の発着、会議や面会の予定など公式なスケジュールを表すのによく用いられます（次の例参照）。

○ **The train** <u>arrives</u> **at 7:02 p.m.**（その列車は午後7時2分に到着する）

○ **I** <u>go</u> **to the dentist tomorrow at 9 a.m.**（私は明日午前9時に歯医者へ行く）

　一方、カジュアルな未来の予定を述べるときには現在進行形が活用できます（例文8）。次の例も参照してください。

○ **I'm going on a date with Dan tomorrow.**（私は明日、ダンとデートに行くの）

　「ダンとのデート」はもちろん歯医者の予約よりもずっとカジュアルですよね！

> 　現在形は習慣や癖になっている動作を述べるのに使われ、現在進行形は今この瞬間に行われている動作または直近の期間限定の習慣・癖を表すのに用いられます。現在形も現在進行形も未来のことを述べる際に使われる場合があり、主に現在形は公式なスケジュールを、現在進行形はカジュアルな未来の予定を表すのに利用可能です。

QUESTIONS

[　　]内の正しい方を選びましょう。

1. **[I talk / I'm talking] on the phone with Dan right now.**
   （私は今ダンと電話で話している）

2. **[I talk / I'm talking] with Dan almost every night.**（私はほぼ毎晩ダンと話す）

3. **[I talk / I'm talking] with Dan tomorrow night.**（私は明日の夜ダンと話す予定だ）

ANSWERS

1. **I'm talking** 解説 今この瞬間（right now）行われている動作なので、現在進行形が適切。2. **I talk** 解説 習慣となっている（almost every night）動作なので、現在形が適切。3. **I'm talking** 解説 カジュアルな未来の予定を述べているので、現在進行形が適切。

UNIT 2-12　意味によって進行形にできない動詞を覚えておこう!

日本人の混乱度

例文で間違いさがし!

1. ✕ **I'm agreeing** with Tanya on this issue.
2. ○ **I agree** with Tanya on this issue.（この件についてはターニャに賛成です）

3. ✕ **I'm having** ten dollars in my pocket right now.
4. ○ **I have** ten dollars in my pocket right now.
　　　（私は今ポケットに10ドル持っている）
5. ○ **I'm having** a good day.（私はよい1日を過ごしている）
6. ○ **We're having** chicken for dinner.（私たちは夕食にチキンを食べる予定だ）

7. ✕ **She's appearing** to be feeling unwell.
8. ○ **She appears** to be feeling unwell.（彼女は具合がよくないようだ）
9. ○ The actor **is appearing** in her first stage performance tonight.
　　　（その俳優は今夜が初演になる）

　日本語の意味につられて、進行形で使うことができない動詞を進行形にしてしまうのは日本人の「あるあるミス」ですね。こういった動詞には感情や所有、知覚などを表すものが多いので、ここで覚えてしまいましょう。

[1&2] フォーマルで正確なスピーキングやライティングでは、agreeは進行形では使いません。同種の動詞（主に感情や意見を表す）には他に以下のようなものがあります。
　believe、depend、doubt、feel、know、hate、(dis)like、love、matter、mean、realize、think、prefer、promise、recognize、remember、want、wish
　ただしfeelとthinkは、意見を表すとき以外には次のように進行形で使われる場合があります。
✕ **I'm feeling** you shouldn't drop out of school.
○ **I feel** you shouldn't drop out of school.（あなたは退学するべきじゃないと私は思う）
○ **How are you feeling** right now?（今の気分はどう?）
　なお、ネイティブの中には上に挙げた動詞を口語として進行形で使う人もたまにいますが（そう、あの大手ハンバーガーチェーンのI'm lovin' itみたいに）、フォーマルな文脈ではまずありえません。

3、4、5&6 例文4のように、haveは「～を持っている、～がある」といった意味のときには進行形では使えません。けれども「よい1日・週・時間を過ごしている」などはhaving a good day/week/timeと表現できますし（例文5）、「食べる」という意味では進行形にすることができます（例文6）。また、使役動詞として使う際にも、次の例のように進行形が可能です。

○ I'm having someone do my hair this afternoon. （今日の午後、髪を切ってもらうつもりだ）
○ I'm having my hair done this afternoon. （今日の午後、髪を切ってもらうつもりだ）

　なお、「所有」を表す動詞で基本的に進行形にできないものは他にown、want、need、belong、possess、owe、include、involveなどがあります。

7、8&9 例文7のように、appearは「～のように見える」という意味のとき進行形では使えませんが、「登場する」といった意味では進行形で用いることが可能です（例文9）。appearに限らず、多くのいわゆる知覚動詞は進行形にならず、それらには次のようなものがあります。

　see、hear、look（「～のように見える」の意味で）、taste、sound、smell、seem

　なお、lookは「見る、眺める」の意味ではもちろん進行形になりえます（次の例参照）。

○ Shane's looking out the window right now. （シェーンは今、窓の外を見ている）
✕ Shane's looking tired right now.
○ Shane looks tired right now. （シェーンは今、疲れているように見える）

[　感情や所有、知覚を表す動詞は基本的に進行形では用いません。ただし、feel、think、have、appear、lookなどはさまざまな意味があり、その意味や文脈によっては進行形で使われることも多々あります。　]

QUESTIONS
次の文を正しい文にしましょう。
1. Rena's belonging to the volleyball club.
2. Nothing is mattering more to me than my family.
3. Marcos is owing me two thousand yen.

ANSWERS
1. Rena belongs to the volleyball club. （レナはバレーボール部に所属している） 解説 belongは基本的に進行形では使わない。2. Nothing matters more to me than my family. （私にとって家族より大切なものはない） 解説 matterは基本的に進行形では使わない。3. Marcos owes me two thousand yen. （マルコスは私に2000円の借りがある） 解説 「支払いの義務がある」という意味ではoweは基本的に進行形では使わない。

他動詞or自動詞の見極めを!　他動詞＋前置詞はNG!

日本人の混乱度

例文で間違いさがし!

1. ✕ The panel <u>discussed about</u> several topics at the meeting.
2. ○ The panel <u>discussed several topics</u> at the meeting.
（委員会は会議でいくつかの議題について話し合った）

3. ✕ The panel <u>debated about</u> several topics at the meeting.
4. ○ The panel <u>debated several topics</u> at the meeting.
（委員会は会議でいくつかの議題について議論した）

5. ✕ The panel <u>argued several topics</u> at the meeting.
6. ○ The panel <u>argued about several topics</u> at the meeting.
（委員会は会議でいくつかの議題について討論した）

　出ました、これまた「日本人あるある」!　他動詞に不要な前置詞をつけ、自動詞に必要な前置詞をつけない人は実に多いですね。他動詞と自動詞の用法の違いをチェックしましょう。

1、2、3＆4 これらの例文のdiscussとdebateは他動詞なので、直接目的語（topics）をとります。目的語との関係性を成立させるためにaboutなどの前置詞は必要ありません。ただ、同様の文脈でもtalkやspeakは（直接目的語をとらない）自動詞として使われるため、次のように、動詞と目的語との関係性を成立させるには前置詞が必要になります。

○ We <u>talked about</u> several topics. / We <u>spoke about</u> several topics. （私たちはいくつかの議題について話した）

　discussとdebateの他にも、よく誤って前置詞をつけてしまう動詞にはgreetやaddressなどがあります（次の例参照）。

○ Noah <u>greeted us</u> with a smile. （ノアは私たちに笑顔で挨拶した）
＊greetedのあとにtoなどは不要

○ Olivia <u>addressed the crowd</u> of supporters. （オリビアは支援者の群衆に挨拶した）
＊addressedのあとにtoなどは不要

5＆6 例文6のように、「（異議を唱えて）討論する」という意味のargueは自動詞で、動詞（argue）がどのように目的語（topics）と結びついているかを示すために前置詞が

必要です。

　ただし、他の多くの動詞と同様、argueも自動詞と他動詞両方の用法があり、「〜を立証する、論証する」などの意味では、次の例のように（直接目的語をとる）他動詞になります。

○　The lawyer <u>argued the case</u> for his client.（弁護士は顧客に真実を立証した）

○　Milton has <u>argued his points</u> very well.（ミルトンは要点を非常にうまく論証した）

　自動詞・他動詞両方の用法がある動詞は、他に次のようなものがあります。

The sky <u>cleared</u>. / We <u>cleared the room</u>.（空が晴れた／私たちは部屋を片づけた）

The shop <u>closes</u> at 6 p.m. / <u>Close the door</u>.（その店は午後6時に閉店する／ドアを閉めて）

The shop <u>opens</u> at 9 a.m. / <u>Open the door</u>.（その店は午前9時に開店する／ドアを開けて）

　実際、自動詞・他動詞両方の意味を持つ動詞は非常に多いので、その全部を挙げることは不可能です。自分が意図する意味ではその動詞が自動詞なのか他動詞なのか、こまめに辞書で確認するようにしましょう。

> discussやdebateなどの他動詞は前置詞をつけずに目的語をとりますが、自動詞は目的語の前に前置詞が必要です。また、argueなど意味によっては自動詞としても他動詞としても使われる動詞もあります。

QUESTIONS

次の文を正しい文にしましょう。

1. Larry and Jules talked the issues facing our team.
2. Juanita married with Tom five years ago.
3. Giselle divorced from Tom.

ANSWERS

1. Larry and Jules talked <u>about</u> the issues facing our team.（ラリーとジュールスはチームが直面している問題について話した）解説 talkは自動詞なので、目的語issuesとの関係性を成立させるには前置詞aboutが必要。2. Juanita <u>married Tom</u> five years ago. / Juanita <u>got married to</u> Tom five years ago.（フアニータは5年前にトムと結婚した）解説 ここでのmarryは他動詞なので前置詞は不要。2番目の正解文ではmarryが過去分詞marriedになって、（withではなく）前置詞toと組み合わされている。3. Giselle <u>divorced Tom</u>. / Giselle <u>got divorced from</u> Tom.（ジセルはトムと離婚した）解説 ここでのdivorceは他動詞なので前置詞は不要。2番目の正解文ではdivorceが過去分詞divorcedとなって、前置詞fromがあとに続いている。

UNIT 2-14

SVOO文型では、相手のためになる動詞にはforを、方向を示す動詞にはtoを使おう!

日本人の混乱度

例文で間違いさがし!

1. ✕ Dave <u>bought</u> a cake <u>to</u> Katie.
2. ○ Dave <u>bought</u> a cake <u>for</u> Katie.
3. ○ Dave <u>bought</u> Katie a cake. (デイブはケイティーにケーキを買ってあげた)

4. ○ Dave <u>brought</u> a cake <u>to</u> Katie.
5. ○ Dave <u>brought</u> a cake <u>for</u> Katie.
6. ○ Dave <u>brought</u> Katie a cake. (デイブはケイティーにケーキをもってきた)

7. ○ May I <u>ask</u> you a favor?
8. ✕ May I <u>ask</u> a favor <u>to</u> you?
9. ○ May I <u>ask</u> a favor <u>of</u> you? (ひとつお願いしてもいいでしょうか)

　目的語を2つとりえる動詞では、目的語の前に置く前置詞 (for、to、of) を誤用しがちですね。ちょっとややこしいですが、区別ができるように学習しましょう。

`1、2＆3` まず、次の文型で動詞と前置詞の使い方を考えてみましょう。〈S (Dave)＋ V (bought)＋*O_1 (人＝Katie)＋O_2 (a cake)〉 ＊O_1＝間接目的語、O_2＝直接目的語

　bake、buy、choose、cook、find、get、leave、makeといった動詞は、上の構文を次のように書き換えた場合、O_1の前にforをとります。

〈S (Dave)＋V (bought)＋O_2 (a cake)＋前置詞 (for)＋O_1 (人＝ Katie)〉

　これは、これらの行為が「誰かのためにしてあげる」ことなので、行為の対象にtoではなくforが使われるのです (次の例も参照)。

○ Dave baked Katie a cake. / Dave baked a cake for Katie.

　(デイブはケイティーにケーキを焼いてあげた)

`4、5＆6` 一方、基本的に、あるものを人から人へ移す場合には (brought Katie a cake) 、toが使われます。toをとる動詞には他に、give、lend、offer、pass、promise、sell、send、show、tell、write などがあります。

　ただし一般的に、toをとる動詞でも「人」にはforを使った方が自然なケースもあります。特に、主語が相手のためになることをしたと強調したい場合は、次のように表現します。

○ **I <u>wrote</u> the book <u>for you</u>.**（あなたのためにこの本を書いた）

＊「あなたへ手紙を書いた」（I wrote a letter to you）との違いに注意しましょう。

7、8 & 9 askは上のパターンに当てはまらない例外的な特徴を持ち、〈S＋ask＋O_1（人）＋O_2〉の構文は前置詞ofを使って書き換えます。とはいえ、例えば「ask a question of＋人」は不自然で、「ask＋人＋a question」が一般的です。相手に頼みごとをする（ask a favor of you）際は、ofを使うパターンがしっくりきます。

bake、buy、choose、cook、find、get、leave、makeなど目的語を2つとる動詞は、O_1（人）の前にはforを使いましょう。forを使うことで、その行為が相手のためになることを表しています。他方、give、lend、offer、pass、promise、sell、send、show、tell、writeなど方向を示す動詞にはtoを用います。ただし、これらの動詞でもtoよりforを使った方が自然な場合もあります。askは例外的にofをとります。

QUESTIONS

for、to、ofのいずれかを使って、次の文を書き直しましょう。

1. **Mari sent Hughey a package.**（マリはヒューイに小包を送った）
2. **Kathy left her children $200 to do grocery shopping.**
   （キャシーは子どもたちに食料品の買い物のために200ドルを置いていった）
3. **The hotel offered us a 20% discount.**（ホテルは私たちに20％の割引を申し出た）

ANSWERS

1. Mari <u>sent</u> a package <u>to Hughey</u>. 解説 前置詞toで行為の方向を表す。 2. Kathy <u>left</u> $200 <u>for her children</u> to do grocery shopping. 解説 leave（置いていく）は特に方向を示していないので、前置詞forが適切。 3. The hotel <u>offered</u> a 20% discount <u>to us</u>. 解説 giveと同じようにofferは方向を示すので、前置詞toが適切。

regardなどの「…とみなす」動詞にはasを、
thinkなどの「…と考える」動詞にはto beを用いよう!

日本人の混乱度

例文で間違いさがし!

1. ✕ Elizabeth <u>regards</u> her ex-boyfriend <u>to be</u> a friend.
2. ○ Elizabeth <u>regards</u> her ex-boyfriend <u>as</u> a friend.
　（エリザベスは元彼を友人とみなしている）

3. ○ Elizabeth <u>considers</u> her ex-boyfriend <u>(to be)</u> a friend.
　（エリザベスは元彼を友人と考えている）
4. △ Elizabeth <u>considers</u> her ex-boyfriend <u>as</u> a friend.

5. ✕ Jackson is <u>known as</u> trustworthy.
6. ○ Jackson is <u>known to be</u> trustworthy.
　（ジャクソンは信頼できる人物として知られている）
7. ✕ Jackson is better <u>known to be</u> Jack.
8. ○ Jackson is better <u>known as</u> Jack.
　（ジャクソンはジャックとしてより知られている）

　「…とみなす」の意味の動詞を〈S＋V＋O＋to be …〉というパターンで使ってしまう人、「…と考える」の意味の動詞を〈S＋V＋O＋as …〉という構文で使ってしまう人、いませんか。ここで正しい使い方をはっきりさせておきましょう。

1&2 例文2のように、see、describe、identify、regardなど「…とみなす」といった意味を持つ動詞は〈S＋V＋O＋as …〉 (regards her ex-boyfriend as) という構文が用いられます（「O+to be…」はNG）。次の例も参照してください。
○ The police <u>identified</u> the suspect <u>as</u> Sam Banks.（警察は容疑者をサム・バンクスと特定した）
○ Sam's friends don't <u>see</u> him <u>as</u> a criminal.（サムの友人たちは彼を犯罪者とはみていない）

3&4 例文3のように、believe、consider、feel、find、guess、imagine、prove、report、think、understandなど「…と考える」といった意味を持つ動詞は〈S＋V＋O＋to be …〉 (considers her ex-boyfriend to be) というパターンで用いられます。次の例も参照してください。
○ I'd <u>guess</u> Sam <u>to be</u> about 30 years old.（サムは30才前後だと思う）
○ Sam is <u>reported to be</u> from California.（サムはカリフォルニア出身と報告されている）

なお、このto beは特にconsiderとfindでは省略される傾向があります。

○ I **consider** Sam（to be）a sad figure.（サムは悲しげな姿をしていると思う）

○ I **find** Sam（to be）a sad figure.（サムは悲しげな姿をしていると思う）

ちなみに、think ofは（thinkと異なり）次のように、to beではなくasとともに用いられます。

○ I **think of** Sam **as** a sad figure.（サムは悲しげな姿をしていると考えている）

5、6、7&8 これらの例文から、known to beとknown asは違う意味を持つことがわかると思います。「know＋O＋to be ...」は人や物の「性質」を述べており、この「性質」は少なくとも一定の期間はそうであると考えられることになります。一方、「know＋O＋as ...」では名前や素性（より表面的な性質）が表されます。

> describe、identify、regardなど「…とみなす」という意味の動詞では〈S＋V＋O＋as ...〉の構文が用いられます。believe、consider、feel、find、guess、imagine、prove、report、think、understandなど「…と考える」という意味の動詞では〈S＋V＋O＋to be ...〉のパターンが用いられます。

QUESTIONS

[　　]内の正しい方を選びましょう。

1. **Larenzo is also known [as / to be] Lars.**（ラレンソはラースとしても知られている）

2. **Although I've never been to Paris, I imagine it [as / to be] a romantic place.**
（私はパリへ一度も行ったことがないが、ロマンチックな場所なのだろうと思う）

3. **Jamie proved himself [as / to be] a great student.**
（ジェイミーは自分が優秀な学生であることを示した）

ANSWERS

1. as 解説 Larsはニックネームなのでasが適切。**2. to be** 解説 imagineは「…と考える」という種類の動詞なので〈S＋V＋O＋to be ...〉の構文になる。**3. to be** 解説 proveは「…と示す」の意味で、〈S＋V＋O＋to be ...〉構文が適切。

UNIT 2-16　demand、suggest、insist、recommendは「目的語＋to不定詞」ではなくthat節を続ける

日本人の混乱度   😣

例文で間違いさがし！

1. ✕　The prison guards <u>demanded the prisoners to</u> return to their jail cells.

2. ○　The prison guards <u>demanded that the prisoners</u> (should) return to their jail cells.（看守は囚人たちに独房へ戻るよう要求した）

3. ○　The prison guards <u>commanded the prisoners to</u> return to their jail cells.（看守は囚人たちに独房へ戻るよう命令した）

4. ✕　Reiko <u>suggested to Haruto to</u> take English lessons.

5. ○　Reiko <u>suggested that Haruto</u> take English lessons.
（レイコはハルトに英語のレッスンを受けるよう提案した）

6. ○　Reiko <u>suggested English lessons to</u> Haruto.
（レイコはハルトに英語のレッスンを提案した）

7. ✕　Lionel <u>insisted to Nathan to</u> come immediately.

8. ○　Lionel <u>insisted that Nathan</u> come immediately.
（ライオネルはネーサンがすぐに来ることを強く求めた）

　「要求する」「提案する」といった意味のdemand、suggest、insist、recommendですが、これらの語のあとに目的語（人）とto不定詞を続けるという用法ミスをする日本人も目立ちます。正しい語順・使い方を覚えましょう。

1、2 & 3 　例文3のcommandのように、「重要性」を強調する多くの動詞は「V＋O（人）＋to不定詞」の形で使われます。例えばadvise、ask、cause、encourage、expect、instruct、order、urge、want、warnなど、これらはどれも次の例のようなパターンが一般的です。

○　The lawyer <u>advised her client to</u> speak truthfully.（弁護士は顧客に正直に話すよう助言した）

　しかしながら、demandは通常「＋O＋to不定詞」とはならず、例文2のように、あとにthat節を続けます。

　イギリス英語ではthat節の中にshouldが挿入されることもありますが、アメリカ英語では一般にshouldは落とされ、原形不定詞（return）が残ります。相手に何かをしないようにと伝える場合は通常、原形不定詞の前にnotが置かれます（次の例参照）。

○ **The prison guards demanded that the prisoners <u>not leave</u> their jail cells.**
（看守は囚人たちに独房から出ないよう要求した）

`4、5&6` demand同様、suggestも「V＋O（人）＋to不定詞」の形では使うことができません。また、フォーマルな英語ではrecommendも「＋O（人）＋to不定詞」になりませんが、口語ではこれにこだわらないネイティブもいます。でも、やはり次の例のように、recommendもthat節とともに使うのが無難でしょう。

○ **Reiko <u>recommended that</u> Haruto (should) take English lessons.**
（レイコはハルトに英語のレッスンを受けるよう勧めた）

なお、例文6のように、「人」ではない目的語を直後に置いて、前置詞to＋「人」を続ける形も可能です。

○ **Reiko recommended <u>English lessons to Haruto</u>.**（レイコはハルトに英語のレッスンを勧めた）
または、~ing（動名詞）を挟むパターンもアリです。

○ **Reiko <u>recommended/suggested taking</u> English lessons to Haruto.**
（レイコはハルトに英語のレッスンを受けることを勧めた）

`7&8` insistもやはり「V＋O（人）＋to不定詞」の形はNGです。that節の中は未来時制（will come）ではなく原形不定詞（come）を使うこともお忘れなく。

> adviseのような「重要性」を強調する動詞の多くは、あとに「O(人)＋to不定詞」が続きますが、demand、suggest、insist、recommendはこのパターンに当てはまらず、一般的にthat節をとります。

QUESTIONS

that節を使って次の文を書き直しましょう。
1. **I suggest you to try that sushi restaurant.**
2. **The teacher demanded the students to sit down.**
3. **Darrel's mom insisted him to do his homework.**

ANSWERS

1. **I suggest that you try that sushi restaurant.**（君はあのすし店に行ってみるべきだよ）解説 ... that you should try ... としても可。2. **The teacher demanded that the students sit down.**（先生は生徒に座るよう求めた）解説 commandを使って、The teacher commanded the students to sit down.としても同じ意味。3. **Darrel's mom insisted that he do his homework.**（ダレルの母親は彼が宿題をするよう強く求めた）解説 doesではなく原形不定詞のdoを使うことに注意。

UNIT 2-17　受動態は行為の受け手が行為者よりも重要かどうかを見極めて使おう!

日本人の混乱度

例文で間違いさがし!

1. △ A letter <u>was written</u> to Gabriel by Nathan.
（ネーサンによってガブリエルに手紙が書かれた）

2. ○ The letter on the desk <u>was written</u> to Gabriel by Nathan.
（机の上の手紙はネーサンによってガブリエル宛てに書かれた）

3. ○ Nathan <u>wrote</u> Gabriel a letter. （ネーサンはガブリエルに手紙を書いた）

4. △ Several important novels and essays <u>were written</u> by Ralph Ellison. （いくつかの重要な小説やエッセーがラルフ・エリソンによって書かれた）

5. ○ Ralph Ellison <u>wrote</u> several important novels and essays.
（ラルフ・エリソンはいくつかの重要な小説やエッセーを書いた）

6. ○ Ralph Ellison <u>is best known</u> for his novel, *Invisible Man*.
（ラルフ・エリソンは小説「見えない人間」で最もよく知られている）

7. △ Research <u>has been carried out</u> to validate our results.
（私たちの結果を検証するために調査が実施された）

8. ○ Researchers at the University of xxx <u>have published</u> studies validating our results.
（xxx大学の研究者らは私たちの結果を検証する研究を発表した）

　日本人は概して受動態を多用しすぎる傾向があります。文法的には間違っていなくても、不自然な英語になってしまうことがよくありますね。受動態を使うのにふさわしい場面とそうでない場面をしっかりチェックしましょう。

1、2&3 例文1では、手紙を書いた行為者は明確ですが（Nathan）、その行為の受け手は不特定のもの（a letter）です。不特定の手紙を強調するのに受動態を使う必要はないので、ここでの受動態は不自然です。対して例文2では、話者は特定の手紙（the letter on the desk）を受動態の文の主語にすることで、その手紙を強調しています。この文はもちろん、例文3のように能動態を用いて書き直すことも可能です。

4、5&6 例文4に関しては、同文の焦点はタイトルが明らかでない小説やエッセーではなく、行為者のラルフ・エリソンに当たるべきです。従って、例文5のように能動

態で表現するのがベストとなります。また、例文6のように、受動態は文の意味を伝えるのに行為者が不要なときなどには、よくis knownとともに使われます。これはつまり「エリソンを最もよく知っている人」を特定する必要がないということです。

7 & 8 例文7でわかるように、受動態の使用によって、話者はしばしば行為者についての特定の情報を明示することを回避できます。が、これは明確さや特異性が重要な学術的あるいはビジネス上の文書には望ましくありません。例文8のように能動態で書き直せば、調査を行ったのが誰であったのかを特定せざるをえなくなり、これが健全な議論につながるでしょう。

　とはいえ、行為者が言うまでもなく明白な場合などは、科学論文などでも受動態が適しているケースもあります（次の例参照）。

○ **The mice were fed a high-fat diet.**（マウスは高脂肪の餌を与えられた）

　ここでは、マウスに餌を与えた行為者が「科学者」であったという事実は重要ではないのです。

> 　受動態は、行為者が不明な場合、または行為の対象が行為者よりも重要か強調するに値する（文の主語になるのにふさわしい）場合に、主に使われます。受動態を能動態で書き直せば、文書により明確さや特異性が出るでしょう。

QUESTIONS

次の受動態の文を能動態で書き直しましょう。

1. **A piece of candy was eaten by the child.**（その子によって1粒のあめが食べられた）
2. **A meal had been shared by the family.**（その家族によって食事が共有された）
3. **The children were brought presents by Santa Claus.**
（サンタクロースによって子どもたちにプレゼントがもたらされた）

ANSWERS

1. **The child ate a piece of candy.** 解説 行為者が特定の人物（the child）とわかっているときに不特定のもの（a piece of candy）を受動態の主語にするのは不自然。2. **The family had shared a meal.** 解説 受動態の文が過去完了形なので、能動態にするのが好ましい。3. **Santa Claus brought presents for the children. / Santa Claus brought presents to the children. / Santa Claus brought the children presents.** 解説 能動態の文ではthe childrenの前にforもtoも置くことができる（1番目と2番目の正解文）。forにすると「〜のために」という意味が強調される。

UNIT 2-18 似て非なるhelpとassist、使い方の微妙な違いをマスターしよう!

日本人の混乱度

例文で間違いさがし!

1. ○　Please <u>help me (to) do</u> my homework.（私の宿題を手伝ってください）
2. ✕　Please <u>assist me do</u> my homework.

3. ✕　Please <u>help/assist me</u> my homework.
4. ○　Please <u>help/assist me with</u> my homework.
　　　（私の宿題を手伝ってください）

5. ✕　Please <u>help out me</u> in the kitchen.
6. ○　Please <u>help me out</u> in the kitchen.（キッチンで私を手伝ってください）
7. ○　Please <u>help/help out/assist</u> in the kitchen.
　　　（キッチンで手伝ってください）

　動詞helpとassistはほぼ同義語ですが、使い方に多少の違いがあり、これを混乱している日本人は少なくないですね。特に、helpもassistも、あとには同じ「人＋原形不定詞」が続けられると勘違いしている人がたまにいます。また、help outというフレーズでは目的語の置き場所も要注意です。

1&2　helpは例文1のように、「help＋人＋(to)＋原形不定詞」という形をとります。toは一般に省略される傾向がありますが、受動態になると必要ですのでご注意を（次の例参照）。

○　He <u>was helped to do</u> his homework.（彼は宿題を手伝ってもらった）
　　✕ He was helped do his homework.

　なお例文2でわかるように、このパターンはassistでは存在しません。

3&4　例文4のように、helpとassistはともに「人＋前置詞(with)＋目的語(homework)」がしばしばあとに続きます。この前置詞は目的語や話者の個人的な好みによってinやonにもなりえますが、いずれにしても挿入するのをお忘れなく。

5、6&7　help outというフレーズはhelpよりもカジュアルな言い回しです。ここでの注意点は、目的語が代名詞（me）の場合、outの前に入れるということです（help out meではなくhelp me outとなる）。

また、helpは常に他動詞であるとは限らず、例文7のように目的語を省いて自動詞として使うこともままあります。

　ちなみにhelpとassistではassistの方がフォーマルで、例えばコールセンターのオペレーターならかかってきた電話に次のように対応するでしょう。

○　**How may I assist you today?**（本日はどのようなご用件でしょうか）

　これはHow may I help you today?より丁寧でフォーマルですね。

> 　helpはしばしば「help＋人＋原形不定詞」の形で使われますが、assistにこの使い方はありません。ですが、helpもassistも「help/assist＋人＋前置詞＋目的語」のパターンでは使用可能です。フレーズhelp outの目的語が代名詞の場合は、その目的語はoutの前に挿入します。また、help、assist、help outはいずれも他動詞・自動詞の用法があります。

QUESTIONS

次の文を正しい文にしましょう。

1. Candace helped Mary the report.
2. Candace assisted Mary the report.
3. Candace helped out her the report.

ANSWERS

1. **Candace helped Mary do the report. / Candace helped Mary with/on the report.**（キャンダスはメアリーのレポートを手伝った）　解説 the reportの前に原形不定詞のdo、または前置詞を置くのが適切。2. **Candace assisted Mary with/on the report.**（キャンダスはメアリーのレポートを手伝った）　解説 Candace assisted Mary <u>do</u> the report.は誤り。3. **Candace helped her out with/on the report.**（キャンダスは彼女のレポートを手伝った）　解説 the reportの前に前置詞を置き、代名詞である目的語（her）をoutの前にもってくる。

「教える」はteach一点張りでなく、
場面に応じてさまざまな動詞を駆使しよう!

日本人の混乱度

例文で間違いさがし!

＊「あなたの計画を教えてください」

1. ✕ Please <u>inform/share</u> me your plans.
2. ○ Please <u>inform</u> me <u>of</u> your plans.
3. ○ Please <u>share</u> your plans <u>with</u> me.
4. ○ Please <u>let</u> me <u>know</u> your plans.

＊「私はその情報を彼に教えた」

5. ✕ I <u>shared</u> the information <u>to</u> him.
6. ○ I <u>gave</u> the information <u>to</u> him.

＊地図を見ながら「駅への行き方を教えてください」

7. ✕ Please <u>teach me</u> the way to the station.
8. ○ Please <u>show me</u> the way to the station.

　「教える」と英語で言う際にteachばかりを使っていませんか。英語ではinform、share、tell、showなど場面に応じてさまざまな語を使い分けます。これらの語と目的語・前置詞の関係・用法を確認しましょう。

1、2、3&4 例文2のように、他動詞informは「誰かに情報を教える」という意味で使われる場合、目的語として「人」（me）をとり、教える情報（your plans）の前に前置詞ofかaboutを置きます。または、次の例のようにthat節を使った形にすることも可能です。

○ Junichi <u>informed us that</u> he would be out of the office tomorrow.

（純一は私たちに、明日は社外にいると教えてくれた）　＊informedの代わりにtoldを使ってもOK

　shareは例文3のように、「誰かに情報、考え、感覚などを教える」の意味で使われる場合、情報（your plans）を目的語にとり、「人」の前に前置詞withを置きます。shareもthat節を用いて次のように表すことが可能です。

○ Junichi <u>shared (with us) that</u> he would be out of the office tomorrow.

（純一は私たちに、明日は社外にいると教えてくれた）

　「let＋人＋know」は例文4のように、目的語（your plans）またはthat/wh節があとに続きますが、これはinformよりも口語的になります。

5&6 give informationはよく使われる連語です。giveは「人」の前に前置詞toをとります。また、giveは目的語を続けて2つとれる動詞です（tellも同様）。

○ I **gave** him the information.（私は彼にその情報を教えた）

7&8 目で見える手助けなどをする際はtellよりもshowを使いましょう。通常2つの目的語（meとthe way ...）をとります。目的語が1語か2語の場合は「人」の前に前置詞toを置くこともあります（次の例参照）。

○ Please **show** it to me.（それを私に教えてください）

　なお、tellは「人」を表す目的語を置かずにthat/wh節をあとに続けることはできません（✕ I told that ... / ○ I told them that ... ）が、対照的にshowは直後にthat/wh節を続けることが可能です。

○ In this presentation, I'll **show** that ...

　　（このプレゼンテーションで私は…であることを証明したいと思います）

　「教える」は主に以下のようなパターンで使われます。

　「inform＋人＋of/about＋O」「inform/tell/show＋人＋that節」「share＋O＋with＋人」「share/show＋that節」「let＋人＋know＋O/that節」「tell/show＋人＋O」「show＋O(＋to＋人)」

QUESTIONS

次の文を正しい文にしましょう。

1. Melissa informed Jason her idea.
2. Melissa shared Jason her idea.
3. Ms. Lee showed to Yuna how to use the sewing machine.

ANSWERS

1. **Melissa informed Jason of/about her idea.**（メリッサはジェーソンに自分の考えを教えた）解説 informは直接目的語の前に前置詞ofかaboutが必要。2. **Melissa shared her idea with Jason.**（メリッサはジェーソンに自分の考えを教えた）解説 sharedの目的語はJasonではなくher ideaにすべき。3. **Ms. Lee showed Yuna how to use the sewing machine.**（リーさんはユナにミシンの使い方を教えた）解説 showは目的語を2つとれるので、間接目的語（Yuna）との間に前置詞は不要。

UNIT 2-20

「見る」はsee、watch、look、
「聞く・聴く」はhearとlistenを使い分けよう!

例文で間違いさがし!

1. ✕ I like to **see the sunset**.
2. ◯ I like to **watch the sunset**. （私は夕日を見るのが好きだ）

3. ✕ Don't **look** the sun! It will hurt your eyes.
4. ◯ Don't **look at** the sun! It will hurt your eyes.
  （太陽を見てはいけません!　目を傷めますよ）

5. ✕ I didn't **hear** the teacher's lesson **carefully**.
6. ◯ I didn't **listen to** the teacher's lesson **carefully**.
  （私は先生の授業を注意深く聴いていなかった）

7. ◯ **Did you hear that** we have a quiz tomorrow?
  （明日テストがあるって聞いた?）

　これまた日本人にとって「ミス多発地帯」の語の登場です。「見る」を意味するsee、watch、look と「聞く・聴く」を意味するhear と listen。違いは大体わかっているけれど、微妙な使い分けは…?という人、多いかと思います。用法にも違いがあるので、ここでチェックです。

1&2 seeとwatchとlookは日本人にとって特に紛らわしいですよね。一般的にseeは「目を使って何かに気づく」ことで、watchは「一定時間、何かを見て、どうなるかを観察する」（例文2）ことです。そしてlookは「特定の方向に目を向ける」ことを意味します。次の例を見てください。

◯ Marty **was watching YouTube videos** all afternoon.
  （マーティーは午後じゅうYouTube動画を見ていた）

◯ Have you **seen the latest YouTube video** on my channel?
  （私のYouTubeチャンネルの最新動画、見た?）

　最初の文ではwatchingをseeingに置き換えることはできません。2文目はHave you seen ... をHave you watched ... に置き換えることは可能ですが、ニュアンスが変わってきます。Have you seen ... は「動画の内容に気がつきましたか」という意味合いになりますが、Have you watched ... では（あまり一般的ではありませんが）「動画の内容に注意を払いましたか」というニュアンスになるのです。

3&4 lookが「見る」という意味で使われる場合、目的語をとる際は前置詞を必要とする自動詞になります（look <u>at</u> the sun）。このようにlookは通常、前置詞か副詞と組み合わされ、また、さまざまな意味になります（次の例参照）。

<u>look to</u> a mentor for guidance（指導者に助言を仰ぐ）、<u>look up to</u> a person（人を尊敬する）、<u>look out over</u> the crowd（群衆をはるかに見渡す）、<u>look on</u> a scene without becoming involved（関与せずに場面を傍観する）、<u>look up at</u> the sky（空を見上げる）

5、6&7 hearは「特に意識せずに音を感知する」ことで、listenは「聞こえるものに注意を払う」ことを意味します。例文6、7に関して言えば、もし授業を聴いている間に（明日テストがあるという）ニュースに気づいた場合はhearが使われます。Did you <u>hear</u> the news?とDid you <u>listen to</u> the news?は文法的にはどちらも正しいですが、やはりニュアンスが異なり、hear the newsは「無意識のうちにある事実に気づく」で、listen to the newsは「そのニュース（テレビやネットのニュース）に注意を払う」という意味合いになります。

> 一般的にseeは「目を使って何かに気づく」ことで、watchは「一定時間、何かを見て、どうなるかを観察する」こと、lookは「特定の方向に目を向ける」ことを意味します。lookは自動詞でしばしば前置詞または副詞と組み合わされます。hearは「特に意識せずに耳を通して音を感知する」ことで、listen toは「聞こえるものに注意を払う」という意味です。

see、watch、look、hear、listenのいずれかを正しい形にして空所を埋めましょう。

1. Did you _____ the news that Jake's getting remarried?
（ジェイクが再婚するってニュース聞いた？）

2. Cameron _____ up to George as a person of outstanding character.
（キャメロンはジョージを傑出した人物として尊敬している）

3. Michelle hasn't been _____ sports this year.
（ミッシェルは今年スポーツを見ていない）

1. **hear**（このニュースがネットや新聞などで見られたのならseeも可）解説 特定の情報についての問いかけなので、hearかseeが適切。2. **looks** 解説 look up toで「〜を尊敬する」の意。3. **watching** 解説 watching sportsは「ある一定時間スポーツを見て、どうなるかを観察している」という意味になる。

UNIT 2-21　used to ... は前にbe動詞かgetがあれば「〜に慣れて」、なければ「以前は〜していた」

日本人の混乱度

例文で間違いさがし！

1. ✕　Davis <u>used to</u> live in Japan last year.
2. ○　Davis <u>lived in</u> Japan last year.（デービスは昨年日本に住んでいた）
3. ○　Davis <u>used to</u> live in Japan, but he returned to Canada this year.（デービスは以前日本に住んでいたが、今年カナダへ帰国した）

4. ✕　Fang <u>isn't used to</u> live in Japan.
5. ✕　Fang <u>didn't used to</u> live in Japan.
6. ○　Fang <u>didn't use to</u> live in Japan.（ファンは以前日本に住んではいなかった）

7. ✕　Fang <u>isn't use to</u> life in Japan yet.
8. ○　Fang <u>isn't used to</u> life in Japan yet.
　　　（ファンはまだ日本の生活に慣れていない）

　「以前は〜していた」を表すused to ... と 「〜に慣れている／慣れる」の意味のbe/get used to ... 。まさに似て非なるもので、意味の取り違えやそれぞれの使い方に関してミスをする日本人は多いですね。特に、過去時制が適しているところにused to を使わないよう注意です。

　1、2&3 used to ...は「過去においては事実だったが、現在ではもう事実でない」という状況を述べる際に使われます。特定の期間（last year）に起こったことや、行為が関わった回数を述べるときには使われませんので注意しましょう。このような場合には、例文2のように過去時制を使って表現します（次の例も参照）。

○　Davis <u>climbed</u> Mt. Fuji three times.（デービスは富士山に3回登った）
✕　Davis <u>used to</u> climb Mt. Fuji three times.

　また、used to ...は「過去に繰り返し行われていたが、現在では行われていない行為」にも用いられる場合があります。

○　Davis <u>used to</u> go hiking every summer.（デービスは毎年夏ハイキングに行ったものだ）

　4、5&6 例文6のように、used to ... が否定文や疑問文でdidとともに使われる際は、useを過去形にはしません（次の例も参照）。

○　Did Fang <u>use to</u> live in Japan?（ファンは以前日本に住んでいましたか）

✕ Did Fang <u>used to</u> live in Japan?

なお、used toを用いて述べられた事柄を現在の状況と対比させるために、次の例のようにdoes/doesn'tを使うこともよくあります。

◯ Fang <u>didn't use to</u> live in Japan, but now <u>she does</u>.

（ファンは以前日本に住んでいなかったが、今は住んでいる）

◯ Fang <u>used to</u> live in China, but now <u>she doesn't</u>.

（ファンは以前中国に住んでいたが、今は住んでいない）

7&8 used toが「慣れている」という意味で使われる場合は、原形動詞（live）ではなく名詞（life）があとに続きます。そして通常、be動詞か動詞getが前に置かれます（次の例参照）。

◯ Fang hasn't gotten <u>used to life</u> in Japan yet.

（ファンはまだ日本の生活に慣れていない）

◯ Fang is still getting <u>used to life</u> in Japan.

（ファンはまだ日本の生活に慣れていっているところだ）

> used to ... は「過去においては事実だったが、現在ではもう事実でない」という状況を述べる際に使われます。ただし、過去の特定の期間や特定の頻度で起こったことを述べるときには使われません。助動詞didとともに使用する場合には、useを過去形ではなく原形（didn't <u>use</u> to）にします。be動詞かgetが前に置かれると、used to ... は「〜に慣れて」という意味になります。

QUESTIONS

use toかused toを使って空所を埋めましょう。

1. Oliver didn't _____ like fish, but now he does.

   （オリバーは以前魚が好きではなかったが、今は好きだ）

2. Levi is still getting _____ school.

   （レビはまだ学校に慣れていっているところだ）

3. Asher _____ go to school with Levi, but now he doesn't.

   （アッシャーは以前レビと一緒に登校していたが、今はしていない）

ANSWERS

1. **use to** 解説 助動詞didと一緒に使うのはuse。 2. **used to** 解説 この文はLevi isn't used to school yet. としてもほぼ同じ意味。 3. **used to** 解説 「以前は〜していたが、今はしていない」のでused to。

UNIT
2-22
想像したり仮定の状況を述べるときには、
if節がなくてもcouldやwouldを使おう!

日本人の混乱度

例文で間違いさがし!

＊友人のドレスを、よく似合っているとほめながら

1. ✕ I **can** never wear a dress like that, but it looks great on you.
2. ○ I **could** never wear a dress like that, but it looks great on you.
   (私はそんなドレスとても着られないけど、あなたにはすごく似合ってるね)

＊ピッタリの仕事を見つけた友人に対して

3. ✕ I **won't** like that job, but it seems like a good fit for you.
4. ○ I **wouldn't** like that job, but it seems like a good fit for you.
   (私にはその仕事は向いていないだろうけど、あなたにはピッタリのようね)

＊将来、火星に人が住める可能性を友人と話しながら

5. ✕ I hope it's possible to live on Mars one day. I'**ll** go to Mars.
6. ○ I hope it's possible to live on Mars one day. I'**d** go to Mars.
   (いつか火星に住めるようになればいいなあ。火星に行ってみたいよ)

今回は文法的にいえば、if節を伴わない仮定法についてです。canの過去形couldとwillの過去形wouldは「もし〜ならば…できるのに／するのに」といった仮定法の文でおなじみかと思いますが、ネイティブの日常会話ではif節なしでcouldやwouldを使うのがごく一般的です。その用法、ニュアンスをつかみましょう。

1&2 例文2では、話者は相手が着ているドレスを、もし自分が着たらどんな感じかを想像しています。このような仮定の状況を述べる際はcanではなくcouldを使うのです。次の例を見てください。

○ With enough time, I **could** learn how to play the piano, but I'm too busy right now.
　(時間がたっぷりあれば、ピアノの弾き方を習うことができるんだけど、今は忙しすぎる)

実際には十分な時間がないので、「時間がたっぷりある」というのは仮定の話です。従って、canではなくcouldを使うのが妥当ですね。実際に十分な時間があるという場合には次のようになるでしょう。

○ Now that I have enough time, I **can** learn how to play the piano.
　(今は時間がたっぷりあるので、ピアノの弾き方を習うことができる)

3 & 4 仮定の状況を表す際はcanの代わりにcouldを使うだけではなく、willの代わりにwouldを使うのも一般的です。例文4では、話者は相手が見つけた仕事を、もし自分がしたらどう感じるかを想像しています。このような仮定の状況にはwouldを用いるのが適切なのです。別の例を見てみましょう。

○ I wish I were in the Maldives. I'd swim with the sea turtles.

　　（モルジブにいられたらなあ。ウミガメと一緒に泳ぐのに）

　「モルジブにいる」というのは仮定の状況なので、I'llではなくI'd（=I would）を使います。ちなみに、もし実際に具体的な計画があるような場合には、次のように言うのがふつうです。

○ When I'm in the Maldives, I'll swim with the sea turtles.

　　（モルジブにいるときは、ウミガメと一緒に泳ぐんだ）

5 & 6 ここでも、（火星に住むという）具体的な計画があるわけではないので、willではなくwouldが使われています。

> 　if節がない場合でも、仮定の状況を述べる際にはcanの代わりにcould、willの代わりにwouldがしばしば使われます。

QUESTIONS

次の日本語をcouldかwouldを使って英語にしましょう。
1. そのネックレスは私に似合わないだろう。
2. サンフランシスコにはぜひ行ってみたいです。
3. もっと時間があれば、ボランティア活動ができるのに。

ANSWERS

1. **That necklace wouldn't suit me.** 解説 そのネックレスを着けるという具体的な予定がない場合、won'tは使えない。2. **I would love to go to San Francisco.** 解説 サンフランシスコにいたらどんな感じかを想像して話すときはwill love toとは言わない。3. **With more time, I could do volunteer work. / If I had more time, I could do volunteer work.** 解説 「もっと時間がある」という仮定の状況では、canではなくcouldを使う。

未来に起こることに対して今思っている感情を表すときは
現在時制を用いる

日本人の混乱度

例文で間違いさがし！

1. ✕ I **will look forward to** meeting you next week.
2. ○ I **look forward to** meeting you next week.
   （来週お会いするのを楽しみにしています）

3. ✕ Harry **will be excited** to graduate next week.
4. ○ Harry **is excited** to graduate next week.
   （ハリーは来週卒業することにわくわくしている）

5. ○ Harry **will be excited** to hear your news.
   （ハリーはあなたの知らせを聞いてわくわくするでしょう）
   ＊ハリーはまだその知らせを聞いていない

6. ○ Harry **will be happy** to see you.（ハリーはあなたに会えて喜ぶでしょう）
   ＊ハリーはまだあなたに会えることを知らない

　「私は来週のパーティーを<u>楽しみにしている</u>」と言いたいとき、あなたなら何と表現しますか。パーティーは未来のことだから未来時制を使いますか。そう考える人は多いようですが、実はこれ誤りなんです。

1&2 ここでは、「楽しみにしている（look forward to）」という感情は今起こっているので、「あなたに会う（meeting you）」のが未来（next week）に起こることでも、look forward toを現在時制で表現するのが正解です。現在進行形を用いて、<u>I'm looking forward to</u> meeting you next week.としてもOKです。通常、この現在形と現在進行形はどちらを使っても問題ありませんが、次のように現在形しか使えないケースもあります。

✕ Every week, <u>I'm looking forward to</u> this lesson.
○ Every week, <u>I look forward to</u> this lesson.（毎週、このレッスンが楽しみだ）

　この場合、「楽しみにしている」のは毎週の習慣なので、現在進行形より現在形の方が自然なのです。

3&4 ここでも同様に、excitedという感情は今起こっているので、graduate（卒業する）がnext week（来週）でも、Harry is excitedと現在時制で表すのが正しいです。こ

のように、未来に起こることに対して今抱いている感情を表すには、現在時制を用いることを覚えておきましょう。

✕ I will be happy that you are coming tomorrow.

◯ I'm happy that you are coming tomorrow.（あなたが明日来てくれて嬉しい）

5 & 6　一方、例文5、6のように、未来に抱くであろう感情を表すには未来時制を用いることができます。このパターンは特に、自分以外の人（Harry）が、自分は知っているけれどもその人が知らない情報（your news）や状況（see you）に触れた際に、どう感じるかを推測する場合に使われます。次の例も参照してください。

◯ Miwa will be upset to learn that you've quit your job.
（ミワはあなたが仕事を辞めたと知ったら怒るだろう）

この例では、ミワは「あなたが仕事を辞めた」のをまだ知らないということです。

> 　ある感情が今現在起こっているときは、現在時制（場合によって現在進行形）を使いましょう。感情の原因となっている出来事が未来のことであっても未来時制にするのはNGです。未来時制は文の主語（通常は自分ではない）が、未来に起こることをまだ知らないときに利用可能です。

QUESTIONS

次の文を正しい文にしましょう。

1. I will be happy to be starting a new job next week.
2. Jake will be excited to go to the Bahamas tomorrow.
3. I will be looking forward to seeing you next time.

ANSWERS

1. I'm happy to be starting a new job next week.（来週、新しい仕事を始められて嬉しい）　解説 happyな状態は今起こっていることなので、現在時制を用いる。2. Jake is excited to go to the Bahamas tomorrow.（ジェイクは明日バハマへ行くことにわくわくしている）　解説 ジェイクはバハマ行きをすでに計画していて、この計画についてわかっていると考えられるので、現在時制にするのが適切。3. I look forward to seeing you next time. / I'm looking forward to seeing you next time.（次にお会いするのを楽しみにしています）　解説 現在形と現在進行形のどちらも可。

UNIT
2-24

意外な落とし穴!?　主語の単・複はしっかり見極めて動詞と一致させよう!

日本人の混乱度

例文で間違いさがし!

1. ✕　This <u>pair</u> of shoes <u>don't</u> fit my daughter anymore.
2. ◯　This <u>pair</u> of shoes <u>doesn't</u> fit my daughter anymore.
（この1足のくつは私の娘にはもうサイズが合わない）

3. ✕　Many animal <u>species that lives</u> in the Amazon Rainforest are endangered.
4. ◯　Many animal <u>species that live</u> in the Amazon Rainforest are endangered.（アマゾン熱帯雨林にすむ多くの動物種が絶滅の危機に瀕している）
5. ◯　The golden lion tamarin, a <u>species that lives</u> in the Amazon Rainforest, is endangered.
（アマゾン熱帯雨林にすむ種であるゴールデンライオンタマリンは絶滅の危機に瀕している）

6. ✕　The <u>students</u> who received financial aid <u>has</u> to work on campus.
7. ◯　The <u>students</u> who received financial aid <u>have</u> to work on campus.（学費援助を受けた学生たちは学内で働かなければならない）
8. ◯　The <u>student</u> who received financial aid <u>has</u> to work on campus.（学費援助を受けたその学生は学内で働かなければならない）

　主語の人称や単数・複数に動詞の形を一致させるのは基本中の基本。でも、主語の直後にof ...や形容詞節が続いたりすると、うっかりミスをしてしまう日本人は少なくないですね。修飾語などに惑わされずにポイントをしっかり見極めましょう。

　1&2　例文2の主語 (this pair) は単数なので、直後のofの目的語（shoes）が複数であっても単数形に動詞を一致させなければいけません。この文は主語をthese shoesに変え、複数扱いで動詞を使うことも可能です。ただしその場合、くつは1足だけか2足以上か、両方の可能性があります。

　なお、代名詞の中には、あとに続く前置詞の目的語によって単数扱いになったり複数扱いになったりするものがあります。代表的な紛らわしい例は次の通りです。
one of them＝単数扱い　　　most/all/some of them＝複数扱い
most/all/some of it＝単数扱い　　　none/any of them＝（話者によって）単・複両扱い

3、4&5 まず、speciesは単・複同形なので、それが単数形か複数形かは文脈から判断する必要があります。

　例文4のspeciesは、前のmanyからわかるように複数形です。あとに続く形容詞節のthatはこの複数名詞（species）の代用なので、同節内の動詞（live）もそれに一致させなければなりません。一方、例文5のspeciesは、冠詞aからわかるように単数形です。あとの形容詞節のthatはこの単数名詞の代用なので、同節内の動詞（lives）もそれに対応させる必要があるのです。

　ちなみに、形容詞節の中で代名詞（that、which、who、whomなど）が主語でない場合は、同節内の動詞は次のように同節内の主語と一致させます。

○ **The cookies that <u>Jason likes</u> ...**

6、7&8 例文7、8の主語はstudentsとstudentであって、あとの形容詞節の目的語（aid）ではないので、主節の動詞はそれぞれstudentsとstudentに対応する形（have、has）にしなければなりません。

> 　文の主語が前置詞句か形容詞節によって修飾される際は、主節の主語を見極めて動詞を必ずそれに一致させましょう。形容詞節の中の動詞は同節の主語（that、which、who、whomなど）と一致させます。

QUESTIONS

[　　　]内の正しい語を選びましょう。

1. **The students who [take / takes] the bus to school [pay / pays] extra.**
   （バス通学の生徒には余分な支出がある）
2. **The teacher we [want / wants] to hire [live / lives] near the school.**
   （私たちが雇用したい先生は学校の近くに住んでいる）
3. **One of the cookies [is / are] made with carrots.**
   （そのクッキーの1つはニンジンで出来ている）

ANSWERS

1. take / pay 解説 whoは複数名詞studentsの代用なので節内の動詞takeもそれに一致させる。主節の動詞payは主語studentsに一致させる。**2. want / lives** 解説 動詞wantは形容詞節の主語weに一致させ、もう1つの動詞livesは主節の主語teacherに一致させる。**3. is** 解説 動詞isはoneと一致。

UNIT 2-25 〈S＋V(+O)＋形容詞〉構文は使える動詞と語順に気をつけよう!

日本人の混乱度

例文で間違いさがし!

1. ○ Please keep quiet. （どうぞ静かにしていてください）
2. ○ Please stay/remain quiet. （どうぞ静かにしていてください）
3. ○ Please keep the children quiet.
   （どうぞ子どもたちを静かにさせておいてください）
4. ✕ Please stay/remain the children quiet.

5. ✕ Leo painted pink the sign.
6. ○ Leo painted the sign pink. （レオは看板をピンク色に塗った）

7. ✕ The noise makes crazy.
8. ○ The noise makes me crazy. （騒音は私をいらいらさせる）

　「(…を)〜(のまま)にする」といった意味を表す〈S＋V＋形容詞〉〈S＋V＋O＋形容詞〉構文。動詞(V)にはmake、keep、stay、remainなどがよく使われますが、構文によっては使えない動詞もあるので注意です。また、目的語(O)と形容詞の語順を間違える日本人も見受けられますね。

[1、2、3&4] 例文1、2からわかるように、keep、stay、remainはどれも〈S＋V＋形容詞〉構文で使用可能です。場合によっては次の例のように、前置詞がstayとremainのあとに続くこともあります（keepに続くことはまれ）。

○ Please stay in your room. （どうぞ自室にいてください）
○ He remained at the office for an hour. （彼は1時間オフィスに留まった）
　remainは一般にstayよりもフォーマルで、「泊まる」という意味では使われません。
○ Where are you staying in Chicago? （シカゴではどこに泊まる予定ですか）
✕ Where are you remaining in Chicago?
　keepはstayやremainと異なり、目的語をとることができ〈S＋V＋O＋形容詞〉構文で見られます。例文3では目的語(O)がchildrenで、形容詞がquietです。目的語のあとに前置詞が続くこともよくあります（次の例参照）。
○ Bill kept Bob at the office for an hour. （ビルはボブを1時間オフィスで待たせた）

5 & 6 　動詞paintのあとにはしばしば目的語（sign）と塗られる色（pink）が続きます。この語順に注意しましょう。形容詞（pink）は目的語（sign）のあとです！

　　動詞cutやgrowも同じ語順でよく使われます。

○ I cut my hair too short. Now I'm trying to grow it long again.

　（髪を短く切り過ぎた。今、また長く伸ばそうとしているところ）

7 & 8 　makeはkeep同様〈S＋V＋O＋形容詞〉構文でよく使われますが、〈S＋V＋形容詞〉では使用不可です。makeは目的語（me）をとる必要があり、それはたとえいらいらさせられているのが自分自身であることが明らかな場合でもです。なお、動詞driveも同じ構文になります（次の例参照）。

○ This noise drives me crazy.（この騒音は私をいらいらさせる）

✕ This noise drives crazy.

> 　keepは〈S＋V＋形容詞〉〈S＋V＋O＋形容詞〉の両方で使用可能ですが、stayとremainは〈S＋V＋形容詞〉でのみ使われます。一方、makeは〈S＋V＋O＋形容詞〉で使われ、目的語（O）を省くことはできません。

QUESTIONS

keep、stay、remainのいずれかを正しい形にして空所を埋めましょう。

1. **The pacifier _____ the child quiet.**（おしゃぶりでその子は静かにしている）
2. **Where should I _____ in Milan?**（ミラノではどこに泊まるべきかな）
3. **During an earthquake, it's important to _____ calm.**（地震のときは落ち着いているのが大切だ）

ANSWERS

1. **keeps** 解説 keepは目的語（child）と形容詞が続く。2. **stay** 解説 stayのみが「泊まる」の意味で使える。3. **keep / stay / remain** 解説 keep、stay、remainのどれもが〈S＋V＋形容詞〉構文で使用可。

UNIT 2-26

スポーツなどを「する」はgo、play、doを正しく使い分け!
助動詞になるdoとhaveの区別にも注意!

日本人の混乱度

例文で間違いさがし!

1. ✕　Bill likes to <u>play skiing</u> in the winter.
2. ◯　Bill likes to <u>go skiing</u> in the winter.（ビルは冬にスキーに行くのが好きだ）
3. ◯　Bill likes to <u>ski</u> in the winter.（ビルは冬にスキーをするのが好きだ）

4. ✕　Alex <u>plays yoga</u> every morning.
5. ◯　Alex <u>does yoga</u> every morning.（アレックスは毎朝ヨガをする）
6. ◯　Alex <u>plays video games</u> every morning.
　　（アレックスは毎朝テレビゲームをする）

7. ✕　<u>Does</u> Claudio have a computer?—Yes, he <u>has</u>.
8. ◯　<u>Does</u> Claudio have a computer?—Yes, he <u>does</u>.
　　（クラウディオはコンピューターを持っていますか。―はい、持っています）

9. ✕　<u>Has</u> Claudio done his homework?—No, he <u>didn't</u>.
10. ◯　<u>Has</u> Claudio done his homework?—No, he <u>hasn't</u>.
　　（クラウディオは宿題をしましたか。―いいえ、まだです）

　　スポーツやアクティビティなどを英語で「する」というときにgoとplayとdoを混用している人、ちらほら見受けられますね。特にチームスポーツや対戦競技と、個人で行うアクティビティとでは動詞をきっちり使い分ける必要があります。また、助動詞のdoとhaveも完了形や疑問文の答え方で初歩的なミスが意外とありますよ。

1、2 & 3　例文2のように、語尾が-ingのスポーツやアクティビティは常にgoと組み合わされます。go ~ingの形をとる他のスポーツ・アクティビティには以下のようなものがあります。

cycling、dancing、fishing、hiking、ice-skating、jogging、running、skateboarding、surfing

　　なお、-ing形ではなく、次のように原形で使うパターンもありです。

◯　I jog(go jogging) in the morning.（私は毎朝ジョギングする）

4、5 & 6　例文4は正しくありません。一般的にplayは野球やサッカー、テニス、ゴルフなどチームスポーツや対戦競技に対してのみ使われるからです。例文5のように、

ヨガやエアロビクス、アーチェリー、パズル、その他個人で行うアクティビティは通常doと組み合わせます。

　ただ、play video gamesなど、このルールに当てはまらない例外も若干あります。例文6のように、テレビゲームは（複数人のプレーヤーがいる）チェスやトランプ（play chess/cards）などと同様であると考え、playを用いるのが適切です。

7、8、9＆10 doとhaveは助動詞にも本動詞にもなりえるため、この2つの動詞が同時に登場すると混乱する人は多いようです。「do/does/did＋have」という形では、do/does/didが助動詞で、haveが本動詞です。例文8のように、Do/does/did 〜 have …?という形でたずねられたら、次のように常に助動詞を用いて答えましょう。

○ Yes, 〜 do/does/did. / No, 〜 don't/doesn't/didn't.

　一方、「have/has/had＋done」という組み合わせでは、have/has/hadが動詞の過去分詞と組み合わされているので、例文10のようにHave/has/had 〜 done …?の形でたずねられたら、助動詞を使って次のように答えます。

○ Yes, 〜 have/has/had. / No, 〜 haven't/has't/hadn't.

　　語尾が -ing のスポーツやアクティビティには go を使います。チームスポーツや対戦競技には play を用いるのが適切で、個人でするアクティビティには do を使いましょう。「do/does/did＋have」と「have/has/had＋done」の形の質問に答える際は、本動詞よりも助動詞を使うようにしましょう。

QUESTIONS

go、play、do、haveのいずれかを正しい形にして空所を埋めましょう。
1. We are ＿＿＿＿＿＿ hiking this weekend. （私たちは今週末ハイキングに行く予定だ）
2. My son ＿＿＿＿＿＿ karate every Wednesday. （私の息子は毎週水曜日に空手をする）
3. Do you have a tennis racquet? （あなたはテニスラケットを持っていますか）
　—Yes, I ＿＿＿＿＿＿ . （はい、持っています）

ANSWERS

1. **going** 解説 hikingはgoを必要とし、ここではカジュアルな予定について述べているので、進行形（going）にするのが適切。 2. **does** 解説 karateは基本的にyogaなどと同じくdoと組み合わされる。
3. **do** 解説 助動詞doを用いて答えるのが適切。

UNIT 2-27 「可能性・推量」を表すcanは 肯定文と疑問文・否定文で用法が違う

日本人の混乱度

例文で間違いさがし！

*かかってきた電話の相手を推測して

1. ○ That <u>could/might/may</u> be John!（ジョンかもしれない！）
　　＊30％〜70％の確信度

2. ✕ That <u>can</u> be John!

3. ○ That <u>should/ought to/must/will</u> be John!（きっとジョンだ！）
　　＊70％〜99％の確信度

4. ○ <u>Can</u> that really be John?（本当にジョンかな？）

5. ○ That <u>can't</u> be John!（ジョンのはずないよ！）

*東京の天気について

6. ○ It <u>could/might/may</u> snow in Tokyo this winter.
　　（この冬は東京で雪が降るかもしれない）

7. ✕ It <u>can</u> snow in Tokyo <u>this winter</u>.

8. ○ It <u>can sometimes</u> snow in Tokyo in the winter.
　　（冬には東京でときどき雪が降ることもある）

*医師が患者に視力を改善するサプリメントを薦めて

9. ○ This supplement <u>may</u> improve <u>your eyesight</u>.
　　（このサプリは視力を改善してくれるかもしれません）

10. ○ This supplement <u>can</u> improve eyesight <u>in some patients</u>.
　　（このサプリは患者によっては視力を改善させることがあります）

　助動詞canが「可能性・推量」も表すことはだいたい皆さんご存知かと思います。でも文の種類によって、その確信の「度合い」などを示す際に決定的なミスをしてしまう人、多いですよ。

　1、2、3、4&5 助動詞canは、肯定文で特定の事柄についての確信度を表すことはできないので、例文2は誤りです。canの代わりに、例えば50％の確信度を表す際はcouldかmight、あるいはmayを使いましょう。これらの助動詞の確信度は文法書によって多少の違いがありますが、確信度は話者の態度や声のトーンによっても変わります。概して、couldの確信度はmightよりも低く、mightはmayよりも低くなりま

す。一方、shouldとought toは大体70%の確信度に、mustとwillは100%近くになります。

　なお、canとcannot、can'tは疑念を表す疑問文か否定文でのみ、特定の事柄の確信度を示すのに使われます（例文4、5）。

6、7&8　canは例文7のように、特定の天候状況の確信度を表すのに使うことはできません。もともと助動詞canは古英語の「何かのやり方を知る」という意味の語から発生していて、中核的意味として「能力・潜在力」を表すのです。例文8は、雪の降る潜在力が東京の冬には存在することを述べています。この「潜在力」は、特定の事柄の確信度に対して「一般可能性」とも呼ばれます。

9&10　例文9では、医師は特定の望まれる結果（improve your eyesight）についての確信度を述べています。この文にはmayは適切ですが、canはNGです。例文10の医師は、そのサプリには一定数の患者の視力を改善する潜在力があると述べていますが、この特定の患者に効くかどうかについての予測はしていません。ですからcanが使えるのです。

> 　特定の事柄についての確信度を表すには、could、might、may、should、ought to、must、will のどれもが肯定文では使用可能ですが、can はNGです。can は特定の可能性を表す疑問文か否定文で使われます。また、can はある事柄の潜在力を示す際には肯定文でも使われます。

次の文のcanの使い方が正しいか誤りかを判断しましょう。

1. **Where do you suppose Elle is?—She can be at the park right now.**
   （エルはどこにいると思う？―彼女は今、公園にいるかもね）
2. **Where do you suppose Elle is?—She can sometimes be found at the park after school.** （エルはどこにいると思う？―放課後はときどき公園にいることがあるよ）
3. **This medicine can cause allergic reactions in some patients.**
   （この薬は患者によってはアレルギー反応を引き起こすことがある）

1.誤り　解説　肯定文で特定の事柄についての確信度を表すのにcanは使わない。2.正しい　解説　ここではcanは特定の事柄の確信度ではなく、潜在力を表すのに使われている。3.正しい　解説　ここではcanは特定の患者の結果についての確信度ではなく、潜在力を表すのに使われている。

to不定詞と動名詞

UNIT 3-1 動名詞のみをとる(to不定詞を置けない)動詞を押さえよう!

日本人の混乱度

例文で間違いさがし!

1. ✕ Kai <u>enjoys to study</u> English.
2. ○ Kai <u>enjoys studying</u> English.（カイは英語の勉強を楽しんでいる）

3. ✕ Alyssa just <u>missed to get</u> the job.
4. ○ Alyssa just <u>missed getting</u> the job.（アリッサはまさに就職に失敗した）

5. ✕ The work of an accountant <u>includes to reassure</u> customers.
6. ○ The work of an accountant <u>includes reassuring</u> customers.
（会計士の仕事には顧客を安心させることが含まれる）

　この動詞はto不定詞をとるのか、動名詞をとるのか、はたまた両方とれるのか？？
　多くの日本人にとっては悩ましく、ミスも多発する問題ですね。残念ながらすべての動詞をきっちり見分ける方法はないのですが、ある種の傾向は見られますので、ここでは特に動名詞のみをとる動詞を押さえていきましょう。

1&2 enjoyは「（何らかの行為などに）喜びや満足を感じる」ということで、目的語にはto不定詞ではなく 動名詞 (studying) をとります。このような動名詞のみをとる「状態や動作における喜び（または不快感）を表す」動詞は他に次のようなものがあります。
can't stand（耐えられない）、deny（否定する）、 dislike（嫌う）、dread（怖がる）、fear（恐れる）、feel like（〜したい気がする）、mind（気にする）

○ Sherry <u>can't stand working</u> in finance.（シェリーは金融業界で働くのが耐えられない）
○ Kara <u>dreads going</u> to school tomorrow.（カラは明日学校に行くのが怖い）
○ Kai <u>feels like studying</u> English right now.（カイは今英語を勉強したい気になっている）
○ Do you <u>mind handing</u> me that towel?（そのタオルを取っていただけませんか）

3&4 「〜し損ねる」という意味のmissはto不定詞とともには使えません。このような動名詞のみをとる「し損ねること、または対照的に、状態や動作の継続や完了を表す」動詞は他に次のようなものがあります。
avoid（避ける）、can't help（〜せざるをえない）、finish（終える）、give up（あきらめる）、keep（続ける）、practice（練習する）、put off（延期する）、risk（危険にさらす）

○ Jenny <u>avoided going</u> into specific detail about what happened.
（ジェニーは何が起きたかについて詳細に踏み込むことを避けた）

○ I'll help you when I <u>finish eating</u>.（食事が終わったら手伝いますよ）

○ James just <u>kept talking</u> and talking for hours.（ジェームスは何時間もただしゃべり続けた）

○ Caroline <u>put off preparing</u> for the exam until the night before.
（キャロラインは前日の晩まで試験勉強を延期した）

5&6 includeは「全体または集団の一部として含有する、構成する」という意味で、これもやはりto不定詞とともには使えません。「内部またはそれ自体の一部として持つ」という意味のinvolveもto不定詞との併用はご法度です。動名詞とペアになって、これらの動詞は「ある程度広い範囲内での状態や動作を含有する」という意味になります。また、「思考」に関わるconsiderやimagineも目的語には動名詞をとります。

○ I can't <u>imagine living</u> in Europe.（ヨーロッパに住むなんて想像できない）

> 動詞にはto不定詞ではなく動名詞だけを目的語にとれるものがあります。概していえば、そのような動詞はenjoyやavoid、includeのような、将来的な目的や意図よりも現在の状態や動作に焦点を当てるものが多いです。

QUESTIONS

次の文を正しい文にしましょう。
1. Lin can't stand to be around Brady.
2. Jim gave up to try to save money.
3. The job involves to ask people for donations.

ANSWERS

1. **Lin can't stand being around Brady.**（リンはブラディのそばにいるのが耐えられない）解説 be around Bradyは、リンが嫌いな状態。2.**Jim gave up trying to save money.**（ジムは貯金をしようとするのをあきらめた）解説 try to save moneyは、ジムが取り組むことをやめた動作。3.**The job involves asking people for donations.**（その仕事は人々に寄付を募ることを含む）解説 ask people for donationsは、その仕事の範囲内での行為。

UNIT 3-2　to不定詞のみをとる（動名詞を置けない）動詞を押さえよう!

日本人の混乱度

例文で間違いさがし!

1. ✕ **Kouki <u>intends studying</u> English.**
2. ○ **Kouki <u>intends to study</u> English.** （コウキは英語の勉強をするつもりだ）

3. ✕ **Without health insurance, Kathy cannot <u>afford going</u> to the doctor.**
4. ○ **Without health insurance, Kathy cannot <u>afford to go</u> to the doctor.** （健康保険がないのでキャシーは医者に行くお金の余裕がない）

5. ✕ **All parties <u>agreed stopping</u> fighting while the terms of peace were being negotiated.**
6. ○ **All parties <u>agreed to stop</u> fighting while the terms of peace were being negotiated.**
（講和条件が交渉されていた間、全隊は停戦に合意した）

　前ユニットでは、目的語として動名詞をとる動詞を見ていきましたが、今回はto不定詞をとる動詞をチェックしていきましょう。日本人にとってその違いを見分けるのは易しくないですが、to不定詞をとる動詞にもある程度の特徴があります。

1&2 例文2の動詞intendは「将来的な意図」を表しており、このような動詞には動名詞ではなくto不定詞が用いられます。toはそもそも「方向」を示す前置詞ですので、to不定詞の場合でも、この「方向」が「意図」としてイメージされるわけです。「将来的な意図」を示すto不定詞とともに使われる動詞は、他に次のようなものがあります。
choose（選ぶ）、decide（決定する）、hope（願う）、plan（計画する）、resolve（決心する）、want（欲しい）
○ **Kim <u>decided to buy</u> a hybrid car.** （キムはハイブリッド車を買うことに決めた）
○ **Jake <u>plans to drive</u> to Chicago tomorrow.** （ジェイクは明日シカゴまでドライブする予定だ）
○ **Kevin <u>resolved to return</u> to Jakarta.** （ケビンはジャカルタへ戻る決心をした）

3&4 affordは「～する（金銭的な）余裕がある、差し支えない」といった意味で、通常to不定詞があとに続きます。このようにto不定詞とペアになって「意図を果たすこ

と、または対照的に意図が果たせないことを表す」動詞は、他に次のようなものがあります。

arrange（整える）、fail（失敗する）、learn（学ぶ）、manage（何とか〜する）

○ The Kelseys <u>arranged to join</u> the Johnsons for dinner.
（ケルシーズ夫妻はジョンソン夫妻のディナーに参加できるよう準備した）

○ Diego <u>failed to turn</u> his report in on time.（ディエゴは時間通りにレポートを提出できなかった）

○ Daniel <u>learned to program</u> from playing video games.
（ダニエルはテレビゲームをすることからプログラミングを学んだ）

○ The company barely <u>managed to achieve</u> third-quarter profit targets.
（その企業はかろうじて第3四半期の収益目標を達成した）

5&6 例文6のagreeをはじめ、ask（頼む）、demand（要求する）、offer（申し出る）、refuse（拒否する）、request（要望する）などの動詞はいずれも「将来的な目的や意図を果たすための相手とのやり取りを表す」際に用いられ、そのような動詞はやはり動名詞ではなく、to不定詞を目的語にとります（次の例参照）。

○ The customer <u>demanded to see</u> the manager.（客は店長に会うことを要求した）

○ The store manager <u>offered to refund</u> the customer's purchase.
（店長は客の購入品の返金を申し出た）

○ The customer <u>refused to accept</u> our conditions.（客は私たちの条件の受け入れを拒否した）

> 動詞には動名詞ではなくto不定詞だけを目的語としてとれるものがあります。概していえば、そのような動詞はintendやafford、agreeのような、現在の状態や動作よりも将来的な目的や意図に焦点を当てたものが多いです。

QUESTIONS

次の文を正しい文にしましょう。

1. Michael cannot afford going to college.
2. Michael's aunt offered paying for his college tuition.
3. Michael refused accepting his aunt's offer.

ANSWERS

1. Michael cannot afford to go to college.（マイケルは大学に通う金銭的余裕がない）解説 go to college は、将来的な意図または目的。 2. Michael's aunt offered to pay for his college tuition.（マイケルのおばは彼の学費の支払いを申し出た）解説 payは、将来的な意図または目的。 3. Michael refused to accept his aunt's offer.（マイケルはおばの申し出の受け入れを拒否した）解説 acceptは、（マイケルが拒否した）将来的な意図または目的。

UNIT
3-3
一部の動詞はto不定詞と動名詞の両方をとれるが、
意味の違いに要注意!

日本人の混乱度

例文で間違いさがし!

1. ✗ **Don't forget turning off the lights.**
   (○ Don't forget to turn off the lights.)
   (電気を消すのを忘れないで)

2. ✗ **Jim will never forget to meet Jill for the first time.**
   (○ Jim will never forget meeting Jill for the first time.)
   (ジムは初めてジルと会ったときのことを忘れないだろう)

3. ✗ **I would love dancing with you.** (○ I would love to dance with you.)
   (あなたとぜひ踊りたいです)

4. ✗ **I hate interrupting you, but ...** (○ I hate to interrupt you, but ...)
   (ちょっとお邪魔しますが、…)

5. ○ **I love dancing. / I hate dancing.**
   (私はダンスが大好きだ。/私はダンスが嫌いだ)

6. ○ **Gary stopped eating fast food.**
   (ゲイリーはファストフードを食べるのをやめた)

7. ○ **Gary stopped to eat fast food.**
   (ゲイリーはファストフードを食べるために立ち寄った)

　今回は、to不定詞と動名詞の両方を目的語としてとれる動詞の登場です。ただし、どちらをとるかで意味が変わってくるのがミソ。各々の場合の意味の違いを見極められるようにしましょう。ここでもある程度の傾向があるので、それもご紹介します。

1&2 forgetの場合、to不定詞は未来の事柄 (turn off the lights) を述べるのに使われ、動名詞は過去の出来事 (meeting Jill for the first time) を述べるのに使われます。このto不定詞と動名詞の使い分けはrememberやregretも同じです (次の例参照)。

○ **Remember to turn** off the lights. (電気を消すのを忘れないで)

○ Jim **remembers meeting** Jill for the first time.
　(ジムは初めてジルと会ったときのことを覚えている)

○ We **regret to inform** you that ... (残念ながらお知らせします、…)

○ Kyle **regrets breaking** up with Jen. (カイルはジェンと別れたことを後悔している)

loveやhate、そしてlikeもto不定詞と動名詞の両方をとることができ、どちらの場合でもほぼ同じ意味で使われることが多いです。つまり、例文5のI love dancing.とI love to dance.はどちらも「私はダンスが大好きだ」という意味といえます。ですが、概してto不定詞は将来的な意図や目的を表すのに使われるので、例文3のようにwould loveのあとでは動名詞ではなくto不定詞が置かれるのです（would love to dance）。また、例文4のhateも、これからしようとする動作（interrupt you）が続くのでto不定詞をとることになります。

6&7 「stop＋動名詞」は過去に行っていた動作を「やめる」ということを表す際に使われ、一方「stop＋to不定詞」はこれからしようとしていることを述べる際に使われます。つまり、例文7のstopped to eat fast foodは「ファストフードを食べようという意図を持って立ち寄った」という意味になります。なお、start、begin、continueなども動名詞とto不定詞の両方をあとに続けることができますが、どちらの場合でもほぼ同じ意味を表します（次の例参照）。

○ **Jessica started speaking. / Jessica started to speak.**（ジェシカは話し始めた）

> 一部の動詞はto不定詞と動名詞の両方を目的語としてとることができます。どちらをとってもほぼ同じ意味になる動詞がある一方で、意味ががらっと変わる動詞もあるので注意が必要です。概して、to不定詞は将来的な意図や目的を述べるのに用いられ、動名詞は現在の状態や動作を表すのに用いられる傾向があります。

QUESTIONS

次の（　）内の動詞をto不定詞か動名詞にして正しい文にしましょう。
1. Melvin said he'd like (eat) Italian tonight.
 （メルビンは今夜はイタリアンを食べたいと言った）
2. Belinda stopped (drink) alcohol ten years ago.
 （ベリンダは10年前にお酒を飲むのをやめた）
3. Please remember (call) your mother when you arrive.
 （着いたらお母さんに電話するのを忘れないでください）

ANSWERS

1. **to eat** 解説 wouldのあとには、将来的な意図を表すようにto不定詞を続ける。 2. **drinking** 解説 過去にやめた動作を述べるには「stop＋動名詞」の形にする。 3. **to call** 解説 未来の事柄を述べる際にはto不定詞を用いる。

UNIT 3-4 be sure to/thatとmake sure to/thatの正しい使い方をマスターしよう!

日本人の混乱度

例文で間違いさがし!

1. ✕ **Be sure <u>to you</u> go to bed early tonight.**
2. ✕ **Be sure <u>(that) you will</u> go to bed early tonight.**
3. ○ **Be sure <u>(that) you go</u> to bed early tonight.**
   （今夜は必ず早く寝るのですよ）

4. ✕ **Make sure <u>to don't</u> stay up too late tonight.**
5. ○ **Make sure <u>not to</u> stay up too late tonight.**
   （今夜は決してあまり遅くまで起きていないように）
6. ○ **Make sure <u>(that) you don't</u> stay up too late tonight.**
   （今夜は決してあまり遅くまで起きていないように）

7. ✕ **Make certain <u>to the correct people</u> are cc'ed in your email before you hit "send."**
8. ○ **Make certain <u>(that) the correct people</u> are cc'ed in your email before you hit "send."**
   （「送信」ボタンを押す前にメールのccに入れた人たちが正しいことを確認してください）

　ともに「必ず〜する、確認する」といった意味のbe sureとmake sure。このあとにはよくto不定詞やthat節がきますが、その使い方が文法ルールに則っていないケースが見受けられます。例えばbe sure to ...、make sure to ... の形で覚えているので、そのあとに節を置いたりしてしまうのです。ここでしっかり整理しましょう。

1、2&3 be sure toとmake sure toは、次の例のように、そのあとに動詞の原形が続かなければなりません。

○ **Be sure <u>to go</u> to bed early tonight.**（今夜は間違いなく早く寝るのですよ）

　この形は相手にしてもらいたいことを伝えるときに使われます。この意味では、remember toやdon't forget toも同じ使い方です。また、be sure (that) you ... を用いて同じ内容を伝えることもできます。その際、伝えたい内容が未来のことであっても、youに続く動詞は未来形ではなく現在形になることに注意してください（○ go to bed / ✕ will go to bed）。

`4、5&6` 相手に何かを<u>しない</u>ようにと伝える際にbe sure toとmake sure toを用いる場合は、be sure <u>not to</u> / make sure <u>not to</u>という形になります。ここでのbe sureとmake sureはどちらを使ってもほぼ同じ意味を表し、例文6のように、make sure/be sure (that) you don't ... の形も可能です。

`7&8` make certainまたはbe certainは、make sureやbe sureよりもいくぶんフォーマルな言い方ですが、意味はほとんど同じと考えてけっこうです。例文8で見られるように、that節の主語はyouでなくてもOK。相手に何らかの動作が完了するか完了したかを確かめてほしいときには、to不定詞ではなくthat節がよく用いられます（次の例参照）。

○ **Make sure (that) the children have eaten some broccoli before you give them dessert.**（デザートをあげる前に子どもたちがブロッコリーを食べたことを確かめてね）

---

make sure to不定詞 ／ make sure that ... と be sure to不定詞 ／ be sure that ... は相手にしてほしいことを伝える際に便利な表現です（sureの代わりにcertainを使うといくぶんフォーマルになります）。いずれの場合も、toのあとには節ではなく動詞の原形がくることを忘れないでください。また、相手に何らかの動作が完了するか完了したかを確かめてほしいときには、to不定詞ではなくthat節を使いましょう。that節内は未来形にしないことも要注意です。

QUESTIONS

次の文を正しい文にしましょう。
1. Make sure to you will eat breakfast before you go out.
2. Be sure turn off the lights.
3. Make certain don't give this medicine to children under the age of 6.

ANSWERS

1. Make sure to eat breakfast before you go out. / Make sure (that) you eat breakfast before you go out.（出かける前に朝食を必ず食べるようにね） 解説 toのあとには動詞の原形が続く。willを省いてmake sure (that) ... の形も可。 2. Be sure to turn off the lights. / Be sure (that) you turn off the lights.（電気を必ず消してね） 解説 be sureのあとはto不定詞かthat節にする。 3. Make certain not to give this medicine to children under the age of 6.（6歳以下の子どもには決してこの薬を投与しないでください） 解説 that節を用いてMake certain (that) you don't give this medicine ... とするのも可。

UNIT 3-5　allowやforbid、adviseなどの動詞は後ろを「O(人)＋to不定詞」の形にするのが基本

日本人の混乱度

 例文で間違いさがし！

1. ✕ The Johnsons don't allow guests <u>smoking</u> in their home.
2. ◯ The Johnsons don't allow guests <u>to smoke</u> in their home.
 （ジョンソン夫妻は客に家の中での喫煙を許していない）

3. ✕ The Johnsons don't allow <u>to smoke</u> in their home.
4. ◯ The Johnsons don't allow <u>smoking</u> in their home.
 （ジョンソン夫妻は家の中での喫煙を許していない）

5. ✕ <u>To smoke</u> is not permitted in this hotel.
6. ◯ <u>Smoking</u> is not permitted in this hotel.（このホテルでは禁煙です）

7. ✕ Most doctors advise their patients <u>no smoking</u>.
8. ◯ Most doctors advise their patients <u>not to smoke</u>.
 （大半の医師は患者に喫煙しないよう助言する）

　「許可」や「禁止」「助言」などを表す動詞allow、permit、forbid、adviseなどは文にする際、to不定詞を使うか動名詞を使うかでミスをする日本人は多いですね。正しい使い分けのポイントは、構文の組み立て方にあります。ここでその違いをしっかり押さえましょう。

1、2、3&4 例文1、2で見られるように、allow（許す）またはpermit（許可する）、forbid（禁じる）、advise（助言する）が〈S＋V＋O（人）＋to不定詞〉の形で使われるとき、to不定詞（to smoke）を動名詞（smoking）と置き換えることはできません。しかしながら、例文3、4のように、〈S＋V＋O〉の構文の際は目的語（O）としてto不定詞を使うことはできず、目的語は動名詞でなければなりません。allowの反意語であるforbidも同じパターンをとります（次の例参照）。

◯ The Johnsons forbid guests <u>to smoke</u> in their home.
 （ジョンソン夫妻は客に家の中での喫煙を禁じている）

◯ The Johnsons forbid <u>smoking</u> in their home.
 （ジョンソン夫妻は家の中での喫煙を禁じている）

　ただし、forbidよりもややフォーマルなprohibit（禁止する）は、次のように若干異なるパターンになるので注意が必要です。

○ The landlords prohibit tenants <u>from smoking</u> in the apartments.
（家主たちは居住者にアパート内での喫煙を禁じている）

`5&6` 「許可」や「禁止」をする対象の人物を特定する必要がない場合は、例文6の
ように、動名詞がallowや permite、forbid、adviseなどを使った受動態の主語になる
のが普通です。また、例文6と同様の意味を「人」を主語にして受動態で表すことも
できますが、その場合は次のようにto不定詞が用いられます。

○ <u>Guests</u> are not permitted/allowed <u>to smoke</u> in this hotel.
（このホテルでは宿泊客は喫煙を許されていない）

　ちなみにlet（〜させる）はallowよりもカジュアルな語で、次のようにallowやpermit
とは若干違った構文になります。

○ The Johnsons don't <u>let guests smoke</u> in their home. (× let guests <u>to</u> smoke)
（ジョンソン夫妻は客に家の中で喫煙させない）

`7&8` allowやpermit、forbidなどと同様、adviseも〈S+V+O(人)＋to不定詞〉の形
で用いることができ、to不定詞を動名詞と置き換えることはできません。相手に何か
をしないように助言する際は、notをto不定詞の前に置きます（not to smoke）。

allow、permit、forbid、adviseなどは一般的に〈S＋V＋O(人)＋to不定詞〉や〈S
＋V＋動名詞〉の構文で用いられます。動名詞は受動態の文の主語にもなりえま
す。

次の文を正しい文にしましょう。
1. Children under the age of 21 are not allowed drinking alcohol.
2. Most math teachers don't allow their students using calculators on tests.
3. To eat is prohibited during the lecture.

1. Children under the age of 21 are not allowed **to drink** alcohol.（21歳以下の子どもは飲酒を許されて
いない） 解説 この文は〈S＋V＋O(人)＋to不定詞〉の文を受動態にしたもの。**2.** Most math teachers
don't allow their students **to use** calculators on tests.（ほとんどの数学教師は生徒がテストで電卓を使用
することを許していない） 解説 〈S＋V＋O(人)＋to不定詞〉の形にする。**3.** Eating is prohibited during
the lecture.（講義中の飲食は禁じられています） 解説 prohibitの受動態の文の主語はto不定詞ではなく
動名詞にする。

UNIT 3-6 名詞を修飾するto不定詞を使う際は、修飾の対象を明確にしよう!

日本人の混乱度

例文で間違いさがし!

1. ✕ There is no <u>one to teach</u> tonight.
2. ○ There are no teachers tonight. / There are no students tonight. (今夜は誰も先生がいない/今夜は誰も生徒がいない)

3. ✕ There is no <u>one to help</u> tonight.
4. ○ There is no <u>one to help Melissa</u> tonight.
   (今夜は誰もメリッサを手伝う人がいない)
5. ○ There is no one who needs help tonight.
   (今夜は誰も手助けを必要とする人はいない)

6. ✕ Mei studies English with a teacher <u>to help her</u> with pronunciation.
7. ○ Mei studies English with a teacher who helps her with pronunciation. (メイは発音を手助けしてくれる先生と一緒に英語を勉強している)
8. ○ Mei studies English with a teacher so she can improve her pronunciation.
   (メイは先生と一緒に英語を勉強しているので発音を良くすることができる)

　今回は名詞を修飾するto不定詞についてチェックしていきましょう。これはto不定詞の「形容詞的用法」とも呼ばれますが、その使い方にミスがあるため文意が不明確になってしまうことがよくあります。また、修飾しているのが名詞なのか動詞なのかがよくわからないケースも。

1&2 例文1は、oneが「先生」を指しているのか「生徒」を指しているのかが不明確です。teachは「人」を目的語にとる他動詞（〜に教える）にも、目的語（人）を必要としない自動詞（教える）にもなりえます。従って、oneはteachという動詞の主語なのか目的語なのかがはっきりしません。名詞を修飾するto不定詞を使う代わりに例文2のように表すのがベストです。

　to不定詞に修飾される名詞は、動詞の主語、他動詞の目的語、そして「動詞＋前置詞」の目的語の働きをします。次の例を見てください。

○ There is <u>nothing to do</u>. ⇒nothingはdoの目的語

○ **There is no <u>one to do the laundry</u>.** ⇒oneはdoの主語であり、doは目的語laundryをとっている

○ **There is <u>nothing to worry about</u>.** ⇒nothingはaboutの目的語

`3、4＆5` 例文3は（teachと同様に）helpが他動詞にも自動詞にもなりえるので、やはり文意が不明瞭です。つまり、to helpに修飾されているoneは「手伝う人」にも「手伝ってもらう人」にもとれてしまうのです。一方、例文4はhelpがMelissaという目的語をとっているので、oneが「手伝う人」だということがわかり、非常にクリアです。もしoneを「手伝ってもらう人」という意味にしたければ、関係代名詞whoを用いて例文5のようにするのがよいでしょう。

`6、7＆8` 例文6は、to help her with pronunciationが名詞teacherを修飾しているのか動詞studiesを修飾しているのかが不明瞭です。この先生の発音指導の技術に焦点を置きたいならば、例文7のようにするのがよいでしょう。もしくは「（独学ではなく）先生と一緒に勉強している」ことにフォーカスしたいなら、それがよりクリアになるよう例文8のように表しましょう。

> ある語（句）をto不定詞で修飾する際は、まず修飾される語（句）が明確かどうかを確認しましょう。特に名詞を修飾するのにto不定詞を用いるときは、その名詞が動詞の主語、目的語のどちらの働きをするのか、または前置詞の目的語の働きをするのかをチェックしましょう。少しでもあいまいな点があれば、文全体を書き直すのがオススメです。

QUESTIONS

次の日本語をto不定詞を使って英語にしましょう。
1. 私は友達の結婚式に着ていくものを探している。
2. 誰か私をパーティーに誘ってほしい。
3. 5月に訪れるのに最適な都市はどこですか。

ANSWERS

1. **I'm looking for something to wear to a friend's wedding.** 解説 somethingは他動詞wearの目的語。
2. **I'd like someone to ask me to the party.** 解説 someoneはmeを目的語にとるaskの主語。3. **What's the best city to visit in May?** 解説 cityは他動詞visitの目的語。

UNIT 3-7

間接疑問文を作る際にミスしないコツは「疑問代名詞＋to不定詞」

日本人の混乱度

例文で間違いさがし！

1. ✕　Please tell me <u>how should I</u> do this.
2. ◯　Please tell me <u>how to</u> do this. （これのやり方を教えてください）

3. ✕　Do you know <u>where can we</u> eat good pizza?
4. ◯　Do you know <u>where to</u> eat good pizza?
　　（どこでおいしいピザを食べられるか知っていますか）

5. ✕　I need to know <u>who do I</u> contact in case of an emergency.
6. ◯　I need to know <u>who(m) to</u> contact in case of an emergency.
　　（私は緊急の際に誰に連絡したらよいか知っておく必要がある）

　日本人によくある「うっかりミス」の1つが間接疑問文の語順です。つい普通の疑問文の語順にしてしまうんですよね。これを回避するには「疑問代名詞＋to不定詞」を利用するのが1つの手。その具体例とポイントを見ていきましょう。

1&2 例文1のhow以下の元の疑問文はHow should I do this?で、もちろん主語のIを動詞should doの前にもってきて、次のような間接疑問文を作ることも可能です。
◯ **Please tell me <u>how I should do</u> this.** （どうやってこれをすればよいか教えてください）
　ただ、例文2のように、「how＋to不定詞」（how to do this）を使った方が簡単で一般的なのです。

3&4 例文3はDo you know where we can eat good pizza?としてもOKです。でも、もっと短く間違いのないようにするには、例文4のように「where＋to不定詞」（where to eat good pizza）を用いるのがベターです。

5&6 who以下の元の疑問文Who(m) do I contact?は、Iを動詞の前に移して間接疑問文にできますが、「who(m)＋to不定詞」で表すことも可能です。whomは動詞contactの目的語として働く疑問詞なので、厳密にはwhoよりもwhomの方が正しいですが、この場合、多くのネイティブはwhoを好んで使います。
　ここで挙げたPlease tell me、Do you know、I need to know以外に「疑問代名詞（またはhow）＋to不定詞」と一般に相性の良い主節には次のようなものがあります。

I wonder / I was wondering / Could you tell me? / I'm not sure / I don't know / Would you happen to know?

○ <u>I was wondering which (one) to</u> take with me on the trip. (どちらを旅行にもっていったらいいかな？)

○ <u>Could you tell me when to</u> expect the delivery?
（配達がいつ頃になるか教えていただけますか）

間接疑問文は「疑問代名詞（またはhow）＋to不定詞」を使って、簡単かつ自然に言い表すことができます。 ＊ここでの疑問代名詞：what、where、who(m)、when、which

QUESTIONS

次の疑問文を「疑問代名詞（またはhow）＋to不定詞」を使って書き直し、Could you tell meのあとに続けましょう。

1. Where can I buy a toothbrush? （どこで歯ブラシを買えますか）
2. What should I do today? （今日は何をすべきだろう？）
3. How do I get to the station? （駅へはどうやったら行けますか）

ANSWERS

1. Could you tell me where to buy a toothbrush? 解説 Could you tell me <u>where I can buy a toothbrush</u>? としても同じ意味。where to buyの方が短くてシンプル。 2. Could you tell me what to do today? 解説 Could you tell me <u>what I should do today</u>? としても同じ意味。what to doの方が短くてシンプル。 3. Could you tell me how to get to the station? 解説 Could you tell me how I get to the station? としても同じ意味だが、how to ... の方が一般的。

形容詞と副詞

 日本人の混乱度 😣😣😣 UNIT 4 ①

 日本人の混乱度 😣😣😣 UNIT 4 ② ～UNIT 4 ⑪

 日本人の混乱度 😣😣😣 UNIT 4 ⑫ ～UNIT 4 ⑰

UNIT 4-1

onlyやalmostなどの修飾語の位置に注意!
修飾したい語(句)の直前に置こう!

日本人の混乱度

例文で間違いさがし!

1. △ **Beatrice <u>only ate</u> blueberries this morning.**
   (ベアトリスは今朝、ブルーベリーを食べただけだった)
   ＊今朝したのはブルーベリーを食べたことだけ

2. ○ **Beatrice ate <u>only blueberries</u> this morning.**
   (ベアトリスは今朝、ブルーベリーしか食べなかった)
   ＊食べたのはブルーベリーだけ

3. △ **Kyle <u>almost ran</u> 15 miles.** (カイルはもう少しで15マイル走るところだった)
   ＊実際には走らなかった

4. ○ **Kyle <u>ran almost</u> 15 miles.** (カイルはほぼ15マイル走った)
   ＊15マイルに近い距離を走った

5. ✕ **Most students don't like our teacher. <u>Even some</u> students hate her.**

6. ○ **Most students don't like our teacher. Some students <u>even hate</u> her.** (ほとんどの生徒は私たちの先生が好きではない。嫌ってさえいる生徒もいる)

　修飾語(only、really、almost、nearly、evenなど)を文中のどこに置くか。簡単そうに見えて、この位置が適切でないため文意が通じないケースがよくあります。基本的にこれらは直後の語(句)を修飾することを念頭に置いて、さまざまなパターンをチェックしていきましょう。

[1&2] onlyは形容詞または副詞として機能し、直後にくる語を修飾します。例文1では、onlyは動詞ateを修飾する副詞です。従って、ベアトリスが唯一行った行為が食べたことだったのならば(あまりありえませんが)、この文は問題ないでしょう。でもより常識的に「唯一食べたものがブルーベリーだった」と言いたい場合は、修飾したい名詞(blueberries)の前にonlyを置いて、例文2のようにします。reallyも、次の例のように同様のルールに従います。

○ **I don't <u>really like</u> pizza.** (私はピザがあまり好きではない)
　＊reallyはlikeを修飾。「とりたてて好きではない」ということ

○ **I <u>really don't</u> like pizza.** (私はピザが本当に好きではない)

＊reallyはdon'tを修飾。「まったく好きではない＝嫌い」ということ

3&4 onlyと同じように、almostやnearlyも直後の語（句）を修飾します。例文3の
almost ranではranを、例文4のalmost 15 milesでは15をそれぞれ修飾しているので
す。 nearlyも次の例のように同様の使い方になります。

○ **She nearly spent all of her money.**（彼女は危うくすべてのお金を使いきるところだった）
　　＊nearlyはspentを修飾。

○ **She spent nearly all of her money.**（彼女はほぼすべてのお金を使いきった）
　　＊nearlyはallを修飾。

5&6 極端なことやありそうもないことを強調する強意語のevenも、その直後の語
を修飾します。例文5のsome studentsは「ありそうもない極端なこと」ではなく、
「先生を嫌う」（hate）という行為が極端なことといえるので、例文6の位置が正解で
す。なお、evenは動詞だけでなく形容詞や副詞、ときには次の例のように冠詞も修
飾します。

○ **This test is so hard even a genius would fail it.**
　　（このテストはとても難しいので天才でも受からないだろう）　× This test is even so hard ...

> only、really、almost、nearly、even は文中で直後の語（句）を修飾します。その
> 位置に要注意です。

QUESTIONS

修飾語を適切な位置に置き直して、次の文を書き直しましょう。
1. **I only swam ten laps at the pool today.**（今日はプールで10周だけ泳いだ）
2. **I almost bought twenty apples.**（私は20個近くのリンゴを買った）
3. **A child could even do this task.**（この作業は子どもでもできる）

ANSWERS

1. **I swam only 10 laps at the pool today.** 解説 I only swam ... とすると、「1日中泳ぐことしかしな
かった」という意味に。2. **I bought almost twenty apples.** 解説 I almost bought ... とすると、「危う
くリンゴを20個買うところだった」という意味に。3. **Even a child could do this task.** 解説「子ども
でも」はeven a childとする。

UNIT 4-2 ぎこちない英文にならないよう、副詞の正しい置き場所を押さえよう!

日本人の混乱度

例文で間違いさがし!

1. ✕　The students ate <u>quickly</u> their lunches.
2. ○　The students <u>quickly</u> ate their lunches.
　　（生徒たちは昼食をすばやく食べた）

3. ○　The students have <u>definitely</u> eaten their lunches.
　　（生徒たちは間違いなく昼食を食べ終わっている）

4. ✕　The students ate their lunches <u>before the meeting</u> <u>quickly</u>.
5. ○　The students ate their lunches <u>quickly</u> <u>before the meeting</u>.
　　（生徒たちはミーティングの前にすばやく昼食を食べた）

6. ○　The students <u>quickly</u> ate their lunches <u>before the meeting</u>.
　　（生徒たちはミーティングの前にすばやく昼食を食べた）

7. ✕　George is late for work <u>always</u>.
8. ○　George is <u>always</u> late for work.（ジョージはいつも仕事に遅れる）
9. ○　George is late for work <u>today</u>.（ジョージは今日、仕事に遅れている）

　今回は文中での副詞一般の位置についてです。だいたいどこに置いてもいいかと思いきや、ネイティブから見ると、ぎこちないなぁと感じたり、明らかに不適切なケースもあるので、一定のルールをしっかりおさらいしましょう。

　1、2&3 文中での副詞は動詞（ate）とその目的語（lunches）の間にはふつう置きません。基本的に置き場所は3つあります。1) be動詞のあと（is always late）。2) 助動詞と本動詞の間（have definitely eaten）。3) 主語と動詞の間（students quickly ate）。様態の副詞（quicklyなど）は文末にくることもありますが、確実性の副詞（definitely、certainly、probably、maybeなど）はまず文末には置きません。

　なお、probablyはふつう文頭には置きませんが、他の確実性の副詞（特にmaybe）は文頭にくることがよくあります。

　4、5&6 様態の副詞と「場所・時」を表す副詞（句）（before the meetingなど）はしばしば文末に、この順序で置かれます。多くの副詞（句）が文末に並ぶのを避けるため、様態の副詞は例文6のように文の中央に置かれることもあります。

7、8&9 「時」（todayなど）や「特定の頻度」（every dayなど）を表す副詞（句）は例文9のように、文末に置かれるのが一般的で、時に文頭にくることもあります。

　ただし例文8のように、「不特定の頻度」を表す副詞（句）（always、usually、often、sometimes、once in a while、rarely、seldom、neverなど）は文中央に置かれるのがふつうです。また、usually、normally、often、frequently、sometimes、occasionally、once in a whileは次のように、文頭や文末にくることもあります。

○ **Occasionally** we like to go to the beach. （私たちはときどき浜辺に行くことが好きだ）

　なお、**always**と**never**は<u>命令文を除き</u>、常に文中央に置きます。

　文中に挿入する副詞は一般に、be動詞のあと、助動詞と本動詞の間、または主語と動詞の間に置きます。一部例外はありますが、「不特定の頻度」を表す副詞は文の中央にくるのがふつうで、様態の副詞や「場所・時」および「特定の頻度」を表す副詞（句）は文末に、この順序で置くのが基本です。

QUESTIONS

次の文を正しい文にしましょう。

1. **Always Ariel is at the pool.** （アリエルはいつもプールにいる）
2. **The staff cleaned up after the party thoroughly.**
   （パーティーのあと、スタッフは徹底的に掃除をした）
3. **The managers discussed carefully the matter.** （経営陣は問題を慎重に検討した）

ANSWERS

1. **Ariel is always at the pool.** 解説 命令文を除き、alwaysは文頭に置けない。 2. **The staff cleaned up thoroughly after the party. / The staff thoroughly cleaned up after the party. / After the party, the staff cleaned up thoroughly.** 解説 様態の副詞（thoroughly）は基本的に、「時」を表す副詞句（after the party）を文頭に置かない場合、その「時」を表す副詞句の前に置く。 3. **The managers carefully discussed the matter. / The managers discussed the matter carefully.** 解説 様態の副詞（carefully）は主語と動詞の間か文末に置く。

UNIT 4-3　a few/fewは可算名詞を、a little/littleは不可算名詞を修飾するのが大原則

日本人の混乱度

例文で間違いさがし！

1. ✗ I have <u>a little questions</u>.
2. ○ I have <u>a few questions</u>. （いくつか質問があります）

3. ✗ There are <u>less people</u> here tonight than last night.
4. ○ There are <u>fewer people</u> here tonight than last night.
（今夜は昨夜よりここにいる人が少ない）

5. ✗ Rachel did the <u>fewest work</u> on this project.
6. ○ Rachel did the <u>least work</u> on this project.
（レイチェルはこの企画で最低限の仕事しかしなかった）

7. ○ <u>At least</u> we don't have to work with Rachel next time.
（少なくとも私たちは次回レイチェルと仕事をする必要はない）

　「少しある」「ほとんどない」を表すa few / fewとa little / little。これらに関する「日本人あるある」ミスは、修飾する名詞の可算・不可算による使い分けがしっかりできていないことです。それぞれの比較級・最上級とともに適切な用法を押さえましょう。

1&2 可算名詞（question）にはa littleではなくa fewを使いましょう。a fewが「いくつか〜ある」を表すのに対し、（冠詞aのつかない）fewは「数が極めて少ない、ほとんどない」ことを強調します（次の例参照）。

○ I have <u>few</u> questions. （質問はほとんどありません）

　a littleとlittleも同様の使い方をしますが、次のように不可算名詞を修飾します。

○ I have <u>a little</u> doubt. （多少の疑いがある）

○ I have <u>little</u> doubt. （ほとんど疑いはない⇒大いに自信がある）

3&4 可算名詞（people）にはfewの比較級fewerを使うのが正しく、lessは次のように不可算名詞を修飾します。

○ Rachel did <u>less work</u> than the rest of us. （レイチェルは他の私たちほど仕事をしなかった）

　lessはまた、距離や金額、複数の名詞を1つのかたまりとして扱う語句などを述べる際には複数名詞の修飾にも用いられます（次の例参照）。

○ I usually run <u>less than 10 km</u>. （私はふだん10キロに満たない距離を走る）

○ Please write an essay with <u>less than 200 words</u>. （200語未満で作文を書いてください）

ただし、a littleとlittleは距離を表すような可算名詞とともには使えません。

✕ I ran <u>a little miles</u> today. / ○ I ran <u>a few miles</u> today. （私は今日、数マイルを走った）

なおlessは次のように、動詞、副詞、形容詞を修飾することもできます。

○ Rachel <u>worked less</u> than the rest of us. （レイチェルは他の私たちほど働かなかった）
  ＊workedを修飾

○ Rachel worked <u>less hard</u> than the rest of us.
  （レイチェルは他の私たちほど熱心に働かなかった）＊hardを修飾

○ No one could be any <u>less appropriate</u> for this project than Rachel.
  （レイチェルほどこの企画に適切でない人はいないだろう）＊appropriateを修飾

5、6&7 fewestはfewの最上級であり、不可算名詞（work）を修飾することはできません。代わりに例文6のようにlittleの最上級leastを使いましょう。leastはまた、at leastのようなフレーズ（例文7）や名詞としても用いることができます（次の例参照）。

○ The <u>least</u> Rachel could do is respond to our emails. （レイチェルができた最低限のことは私たちのメールに回答したことだけだ）

> a few と few は可算名詞の複数形を修飾し、a little と little は不可算名詞を修飾します。冠詞aのつかないfewとlittleは「ほとんどない」ことを示すのに使われますが、a few と a little にはこのような否定的なニュアンスはありません。

[　　] 内の正しい方を選びましょう。

1. Tom ate [less / fewer] tacos than Kylie.
   （トムはカイリーほどタコスを食べなかった）

2. Tom ate [less / fewer] food than Kylie.
   （トムはカイリーほどの食べ物を食べなかった）

3. There are [a little / a few] problems in this proposal.
   （この提案にはいくつか問題がある）

ANSWERS

1. **fewer** 解説 可算名詞のtacosにはfewerを使う。 2. **less** 解説 不可算名詞のfoodにはlessを使う。
3. **a few** 解説 複数名詞problemsを修飾するのはa few。もし問題が1つで小さなものなら、There <u>is a little problem</u> in this proposal.とすることも可能。

UNIT 4-4 形容詞として働く動詞の現在分詞と過去分詞は、「能動」か「受動」かを見極めよう!

日本人の混乱度

例文で間違いさがし!

1. ✕ Natalie prefers cars <u>making in Japan</u>.
2. ◯ Natalie prefers cars <u>made in Japan</u>.
（ナタリーはむしろ日本製の車を好んでいる）

3. ✕ I feel <u>boring</u>.
4. ◯ This movie is <u>boring</u>. （この映画は退屈だ）
5. ◯ I feel <u>bored</u>. （私は退屈している）

6. ✕ I feel <u>scary</u>.
7. ◯ I feel <u>scared</u>. （私はおびえている）
8. ◯ This movie <u>scares</u> me. （私はこの映画が怖い）

　動詞の現在分詞と過去分詞には形容詞としての働きがありますが、この使い分けを把握できていない日本人も多いです。対象の「人」や「物」が「する」のか「される」のかを1つのポイントとして考えましょう。

1&2 現在分詞（making）が名詞（cars）を説明するとき、その名詞は元の動詞（make）の主語に当たります。従って、例文1はCars make in Japan（車は日本でつくる）という意味になってしまい、明らかに誤りですよね。carsはmakeの主語ではなく目的語なのですから。例文2のように過去分詞（made）を使えば、Cars are made in Japan（車は日本でつくられる）という受動態の文意になり、これで文全体の意味が通ります。

3、4&5 boringとboredは動詞boreの現在分詞と過去分詞で、元の動詞boreは次のように使われます。

◯ This movie <u>bores</u> me. （この映画は私を退屈させる）＊能動態

◯ I <u>am bored</u> by/with this movie. （私はこの映画によって退屈させられる）＊受動態

　例文4のように、主語（movie）はboreの現在分詞によって説明され、目的語（me）は過去分詞によって説明されます（I am/feel bored）。過去分詞は一般的にbored、interested、tiredといった「感情」を述べるのによく用いられ、現在分詞はboring、interesting、tiringなど「状態」を表すのによく用いられます。

　なお、現在分詞と過去分詞の使い方を間違えやすい動詞には、他に次のようなもの

があります。

interest（興味を起こさせる）- interesting - interested ／ fascinate（魅了する）- fascinating - fascinated ／ tire（疲れさせる）- tiring - tired ／ confuse（混乱させる）- confusing - confused ／ annoy（いらいらさせる）- annoying - annoyed ／ exhaust（疲弊させる）- exhausting - exhausted

6、7&8 scary（恐ろしい）という形容詞は名詞scareに-yをつけて出来ています。他にもこのような語は多く、cloudy、dirty、funny、hairy、lengthy、lucky、rainy、sunny、wealthyなどがそうです。一方、過去分詞scaredは動詞scareの受動態の働きをし、次のように「感情」を説明します。

○ I **am scared** (by this movie). （私は（この映画が）怖い）

    動詞の現在分詞と過去分詞は、前者が動詞の主語を説明し、後者は動作がなされる目的語になります。過去分詞は動詞の受動態と同様ともいえ、「感情」を述べる際によく使われ、一方、現在分詞は「状態」を述べる際によく用いられます。

QUESTIONS

[   ] 内の正しい語（句）を選びましょう。

1. Allie [is excited / excites / is exciting] about going to Thailand.
   （アリーはタイに行くことにわくわくしている）

2. How [excited / excites / exciting] that you are going to Thailand!
   （あなたがタイに行くなんて素晴らしいわ！）

3. This discussion [is interested / interests / is interesting] me.
   （この議論は私にとって興味深い）

ANSWERS

1. is excited 解説 excitedはアリーの感情を表す過去分詞。**2. exciting** 解説 excitingはthat以下を説明する現在分詞。**3. interests** 解説 interestは目的語（me）をとる他動詞。

UNIT 4-5 前置詞句や形容詞節などの修飾語句は、修飾する語をはっきりさせよう!

日本人の混乱度

例文で間違いさがし!

1. ✕ **Our family chose the dog at <u>the pet store with brown spots</u>.**
   ＊茶色の斑点があるのがペットショップなのか犬なのかが不明瞭

2. ○ **Our family went to the pet store and chose <u>the dog with brown spots</u>.** （私たち家族はペットショップへ行って、茶色の斑点のある犬を選んだ）

3. ✕ **The dog at <u>the pet store that I loved</u> was called Sparky.**
   ＊自分が大好きだったのがペットショップなのか犬なのかが不明瞭

4. ○ **At the pet store, <u>the dog that I loved</u> was called Sparky.**
   （ペットショップで私が大好きだった犬はスパーキーと呼ばれていた）

5. ✕ **<u>Walking down the street one day</u>, a dog jumped in front of me.**
   ＊通りを歩いていたのは犬ととれる

6. ○ **<u>Walking down the street one day</u>, I was startled by a dog that jumped in front of me.**
   （ある日、道を歩いていると、私は目の前に飛び出してきた犬に驚いた）

　今回は主に、名詞を修飾する前置詞句と形容詞節についてです。基本的にこれらは名詞のできるだけ近くに置くべきですが、その位置が不適切なため文意があいまいになってしまうケースがよくあります。また、修飾語（句）で文を始める際に、それが主語を正しく修飾していない場合も。これらの問題を解決していきましょう。

1&2 混乱を避けるために、前置詞句（with brown spots）は修飾しようとする語（句）（dog）のできるだけ近くに置くべきです。もし2つの前置詞句（at the pet storeと with brown spots）が連なって同じ状況や名詞を修飾しようとする場合は、例文2のように表せばクリアになるでしょう。

3&4 ここでもやはり混乱を防ぐため、形容詞節（that I loved）は修飾する名詞（dog）のできるだけ直近に置くべきです。前置詞句（at the pet store）が名詞と形容詞節の間にくると、形容詞節が修飾しているのが最初の名詞（dog）なのか前置詞の目的語（store）なのかがあいまいになってしまいます。そのような場合は例文4のようにするのがベストです。

5&6 修飾語（句）が文頭にくる場合、それに続く主語は修飾される名詞である必要があります。この原則に従わないと、例文5のような、あたかも犬が通りを歩いていたかのような混乱が生じうるのです。この文をクリアにするには、次のように書き直すとよいでしょう。

○ When I was walking down the street one day, a dog jumped in front of me.
（ある日私が通りを歩いていると、1匹の犬が私の前に飛び出してきた）

＊when節の主語はIであり、主節の主語（dog）との違いは明らか

> 　基本的に前置詞句と形容詞節は、修飾する名詞のできるだけ近くに置きましょう。文頭の修飾語（句）は、それに修飾される名詞があとに続く必要があり、その名詞がすなわち文の主語となります。

QUESTIONS

次の文を、あいまいさをなくすように書き直しましょう。

1. Yesterday I went to the café in the shopping mall that sells delicious donuts.
   （昨日、私はおいしいドーナツを売っているショッピングモールのカフェへ行った）

2. Camping in the forest, several songbirds were chirping beautifully.
   （森でキャンプをしていると、何羽かの鳥が美しい声で鳴いていた）

3. Talking with Jill one day, she told me she was going to dump Jack.
   （ある日ジルと話していると、彼女はジャックをフるつもりだと言った）

ANSWERS

1. Yesterday I went to the shopping mall and stopped by the café that sells delicious donuts. （昨日、私はショッピングモールへ行って、おいしいドーナツを売っているカフェに立ち寄った）　解説　元の文では、おいしいドーナツを売っているのがカフェではなくショッピングモールのようにとれる。2. When we were camping in the forest, several songbirds were chirping beautifully. （私たちが森でキャンプをしていたとき、何羽かの鳥が美しい声で鳴いていた）/ Camping in the forest, we could listen to the beautiful chirping of several songbirds. （森でキャンプをしていると、私たちは何羽かの鳥の美しい鳴き声を聞くことができた）　解説　文頭の節に主語weを加えるか、主節を書き直してweがCamping in the forestに続く主語になるようにする。3. When I was talking with Jill one day, she told me she was going to dump Jack. （ある日、私がジルと話していると、彼女はジャックをフるつもりだと言った）　解説　「ジルと話している」人物は「ジル」ではなく「私」であることに注目。

UNIT 4-6　everは「今までに」だけじゃない！特有のニュアンスと使い方を身につけよう！

日本人の混乱度

例文で間違いさがし！

1. ✕ 　I have <u>ever</u> been to Seoul.
2. ◯ 　**Have you <u>ever</u> been to Seoul?** （これまでにソウルへ行ったことがありますか）

3. △ 　I'm <u>not ever</u> in Seoul.
4. ◯ 　**I'm <u>never</u> in Seoul.** （私がソウルにいることはない）
5. ◯ 　**I'm <u>hardly ever</u> in Seoul.** （私はめったにソウルにはいない）

6. ✕ 　**<u>Ever</u> if you go to Seoul, be sure to visit Bukhansan National Park.**
7. ◯ 　**If you <u>ever</u> go to Seoul, be sure to visit Bukhansan National Park.** （いつかソウルに行くことがあったら、ぜひ北漢山国立公園を訪ねてください）
8. ◯ 　**If <u>ever</u> you go to Seoul, be sure to visit Bukhansan National Park.** （いつかソウルに行くことがあったら、ぜひ北漢山国立公園を訪ねてください）

　「これまでに、かつて」などの意味でおなじみのeverですが、きっちり使いこなすのは意外と難しいようです。文の種類や文中での位置など、用法には一定のルールがありますので、そのニュアンスとともにミスのない自然な英語を目指しましょう。

　1&2　例文1からわかるように、everは「これまでに、かつて」という意味を表すために肯定文の独立節で使うことはできません。もしHave you ever been to Seoul?とたずねられたら、（行ったことがあれば）Yes, I have.と答えましょう。決してYes, I have ever.と言わないように。

　3、4&5　neverはnot everより一般的です。everは、次のように強調のために使われることもあります。

◯ I <u>would not ever</u> say such a thing! （そんなことは絶対に言わないよ！）

　everはまた、しばしばhardlyとともにalmost never（めったに～ない）の意味でも用いられます（例文5および次の例参照）。

◯ I <u>hardly ever</u> eat Korean food. = I <u>almost never</u> eat Korean food.
　（私はめったに韓国料理を食べない）

everはif節でもよく使われ、主に「いつか、いつでも」という意味合いになります。通常、例文7のように節の主語（you）、またはbe動詞、助動詞のあとに置かれます（次の例参照）。

○ If you are <u>ever</u> in Seoul, be sure to visit Bukhansan National Park.

（いつかソウルへ行ったなら、ぜひ北漢山国立公園を訪ねてください）

○ If you had <u>ever</u> been to Seoul, you'd know how beautiful it is.

（もしソウルに行ったことがあれば、そこがどれほど美しいかわかるでしょう）

なお、例文8のようにifのあとにくることもあります。everはまた次のように、肯定文でも使われることがあり「いつも」という意味を表したり、内容を強調したりします。

○ <u>Ever</u> the traveler, Ah-yoon is on her way to Kuala Lumpur now.

（永遠の旅人アー・ユンは今、クアラルンプールへの途上にある）

○ Ay-yoon is <u>ever</u> so adventurous!（アー・ユンは本当にいつも冒険心に満ちている！）

さらに、形容詞の比較級または最上級とともに用いられることもよくあります（次の例参照）。

○ You are looking <u>better than ever</u>!（いつになく元気そうに見えるね！）

○ This is <u>the best</u> pizza I have <u>ever</u> eaten!（これは今まで食べたピザの中で一番おいしい！）

> ever は次の5つの方法でよく使われます。1) 疑問文の中。2) if節の中。3) hardly everの形で「めったに〜ない」。4) 肯定文の中で「いつも」、または強調を付与。5) 形容詞の比較級または最上級とともに。

QUESTIONS

次の日本語をeverを使って英語にしましょう。

1. もし東京に来ることがあれば、ぜひ連絡をください。
2. 東京にいることはほとんどないんです。
3. 常に冒険を求める彼は、デナリへのハイキングに出発した。

ANSWERS

1. If you are ever in Tokyo, please get in touch[please contact me]. 解説 everはif節内で「いつか」などの意味に。 2. I'm hardly ever in Tokyo. 解説 almost neverよりhardly everの方が一般的。 3. Ever seeking adventure, he is off to hike[he left to hike] Denali. 解説 everはここでは「常に」の意味。

UNIT
4-7

already、yet、still、just
—これらの副詞を使いこなせば自然な完了形の文が完成!

日本人の混乱度

例文で間違いさがし!

＊親が子どもに宿題を終えたのか、とたずねて

1. ✗ **Have you <u>already</u> finished your homework?**
2. ○ **Have you finished your homework <u>yet</u>?** (もう宿題は終わったの?)

＊子どもが思ったよりも早く宿題を終えたとわかって

3. ○ **Have you <u>already</u> finished your homework? That was fast!**
(もう宿題は終わったの?　早かったわね!)
4. ✗ **Have you finished your homework <u>yet</u>? That was fast!**

＊例文2の問いかけに子どもが答えて

5. ✗ **I have <u>yet</u> done my homework.**
6. ○ **I <u>still</u> haven't done my homework <u>yet</u>.** (まだ宿題は終わっていないよ)
7. ○ **I'm <u>still</u> doing my homework.** (まだ宿題をしているところだよ)
8. ○ **I have <u>just/already</u> done my homework.** (たった今／もう、宿題は終わったところだよ)

　完了形でよく使われる副詞already、yet、still、just。特にalreadyとyetは、それぞれ「すでに」「まだ」としてだけ覚えていると困ったことに。ここで適切な用法を押さえましょう。

1&2 alreadyは、すでに起きたこと、または起きたと考えられることに対して使われ、一方yetはまだ起きていないこと、または起きていないと考えられることに対して用いられます。少しややこしいですが、例文2の質問者 (親) は子どもが宿題を終えたかどうかわからないので、yetを使うのが適切です。

3&4 例文3では、話者はその動作がすでに完了していると (ほぼ) 確信しているので、疑問文中でもalreadyが使われています。実際ここでは、親は子どもが宿題を終えたことをわかっているので、yetを用いるのは誤りです。

5、6、7&8 すでに見てきたように、yetはまだ起きていないこと、または起きていないと考えられることに対して使われるので、例文5は誤りです。要するに、ほとんど

の場合、yetは肯定文では使われないのです。しかしながら、次のように例外はあります。

○ **I have yet to do my homework.**（私はまだ宿題をしなければならない）

　　＊＝I haven't done my homework yet.

　stillは、過去に始まって現在でも続いている動作や状態に対して使われます。これは例文6のような否定の状態でも当てはまります。つまりstillは、ある動作や状態が過去に存在して現在でも続いていることを述べるのに、肯定文、否定文、疑問文のいずれでも使用可能なのです（次の例参照）。

○ **Are you still doing your homework?**（まだ宿題をしているの？）

　なお、stillは文の中央にくるのがふつうで、yetは基本的に否定文や疑問文の文末に置かれます。最後にjustは例文8のように、ほんの少し前に起こったことを述べる際に使われます。

> 　alreadyは、すでに起きたこと、または起きたと考えられることに対して使われ、yetはまだ起きていないこと、または起きていないと考えられることに対して用いられます。stillは過去に始まって現在でも続いていることを述べる際に使われ、justはほんの少し前に起こったことに対して用いられます。

QUESTIONS

already、yet、still、justのいずれかを使って空所を埋めましょう。

1. **Are you hungry?—No, I _____ had dinner ten minutes ago.**
   （お腹はすいていますか―いいえ、10分前に夕食を食べました）

2. **Garry left his wife ten years ago and _____ misses her.**
   （ガリーは10年前に妻と別れて、彼女がいなくて寂しいと思っている）

3. **Garry hasn't remarried _____.**（ガリーは再婚していない）

ANSWERS

1. just / already 解説 alreadyも文法的には正しいが、「ほんの少し前に起こったこと」を表すjustがここではより自然。**2. still** 解説 妻と別れたという状態は過去に存在していて現在でも続いているので、stillが適切。**3. yet** 解説 文全体をGarry still hasn't remarried.としてもOK。基本的にstillは文の中央に、yetは文末にくるのがふつう。

almostは「ほとんど」とだけ覚えていると誤用が頻発!?
正しい使い方をチェック!

日本人の混乱度

例文で間違いさがし!

1. ✕　**Almost employees** support the new CEO.
2. ○　**Almost all employees** support the new CEO.
　　　（ほぼすべての従業員は新しいCEOを支持している）
3. ○　**Most employees** support the new CEO.
　　　（ほとんどの従業員は新しいCEOを支持している）

4. ✕　Zara **almost goes** home after school every day.
5. ○　Zara **almost always** goes home after school.
　　　（ザラは放課後、ほとんどいつも帰宅する）

6. ✕　Jayden **almost doesn't** listen to his parents.
7. ○　Jayden **almost never** listens to his parents.
　　　（ジェイデンは両親の言うことをまずほとんど聞かない）
　　　＊＝Jayden hardly ever listens to his parents.

　日本語で「ほとんど」と訳されることの多い副詞almost。“ほとんど”の皆さんはもちろんご存知だと思いますが、日本語訳に引っ張られて誤った使い方をする人は少なくないようです。特にallやalwaysなどとともに用いる用法を押さえていきましょう。

　1、2 & 3　例文1にあるようなalmost employeesは「ほとんどの社員」という意味にはなりません。almostとは「あともう少しで〜」ということを表し、名詞の前に置かれた場合、「ほぼそのものだが、完全にはそうなっていない」ということになり、almost employeesは「もう少しで従業員（になる）」という意味合いになってしまいます。つまり日本語の「ほとんど」は名詞を修飾できても（「ほとんどの社員」）、英語のalmostはできないのです。almostを使って「ほとんどの社員」といいたい場合は、例文2のようにalmost all employeesと表します。almost all of the employeesとしてもOKです。また、名詞 (employees) を直接修飾する形容詞としては、mostを用いるのがよいでしょう（例文3）。これもmost of the employeesも可です。

　4 & 5　almost allと同様に、almostはalmost alwaysの意味にはなりません。例文4は文字通り解釈すると、「放課後ザラは家に帰りかけるが、帰ることはない」（例えば、

毎日家を通り過ぎてどこか他の場所へ行っている）ということになってしまいます。次の例を見てください。

○ **Zara almost always listens to music on the train.**
（ザラはほとんどいつも電車の中で音楽を聴いている）

　この文をZara almost listens to music ... とすると、「ザラは音楽を聴こうとするけれども、いつも気が変わる」という意味になり、日々の習慣としてはおかしいですよね。

`6&7` ここでのalmost neverはalmost notの意味を表してはいません。でもalmost noとalmost noneは次のように、よく使われます。

○ **There is almost no milk left in this jug.** （この水差しにはミルクがほとんど残っていない）
＊＝There's hardly any milk left in this jug.

○ **There's almost none left in this jug.** （この水差しにはほとんど何も残っていない）
＊＝There's hardly any left in this jug.

　日本語の「ほとんど」をalmostと訳すときは注意しましょう。almostは「ほとんど〜だが、完全または正確には〜ではない」という意味を表し、almost all、almost always、almost never、almost no、almost noneなどの代わりにはなりません。

---

almost all、almost always、almost never、almost no、almost noneのいずれかを使って、次の日本語を英語にしましょう。
1. 私の朝食はほとんどトーストです。
2. 私はお酒をほとんど飲みません。
3. ほとんどの高校生は制服を着ています。

1. **I almost always eat toast for breakfast.** 解説 ここでは「ほとんど」はalmost alwaysと訳すことができる。2. **I almost never drink alcohol.** 解説 「ほとんど〜ない」はalmost neverと訳すことができる。hardly everを使っても同じ意味。3. **Almost all high school students wear uniforms.** 解説 Most high school students ...も可。

UNIT 4-9　to不定詞や動名詞を含む文で誤解を招かないポイント

例文で間違いさがし！

1. ✕　Yuma wants to speak English <u>definitely</u>.
2. ○　Yuma <u>definitely</u> wants to speak English.
　　（ユマは何としても英語を話したいと思っている）
3. ○　Yuma wants to speak English <u>correctly</u>.
　　（ユマは英語を正確に話したいと思っている）
4. ✕　Yuma <u>correctly</u> wants to speak English.

5. △　The teacher explained how to use adverbs <u>carefully</u>.
　　（先生は丁寧に副詞を使う方法を説明した）
6. ○　The teacher <u>carefully</u> explained how to use adverbs.
　　（先生は副詞の使い方を丁寧に説明した）

7. ✕　Jordan thinks about running a marathon <u>every day</u>.
8. ○　<u>Every day</u> Jordan thinks about running a marathon.
　　（毎日ジョーダンはマラソンを走ることを考えている）

　副詞の基本的な置き場所についてはUnit 4-2で学習しましたが、ここでは特にto不定詞や動名詞を含む文での位置を確認してみましょう。この場合でも、置き場所によっては文内容が誤解されるおそれがあるので要注意です。

1、2、3&4　例文2では、確実性の副詞（definitely）がspeakではなくwantsを修飾している点に注目してください。そのため、definitelyはspeakよりもwantsの近くに置くべきなので、その正しい位置は主語（Yuma）と動詞wantsの間ということになります。一方、例文3では副詞correctlyがto不定詞中の動詞speakを修飾しているので、speakのあとに置かれています。こうすることで、本動詞（wants）とto不定詞中の動詞（speak）のどちらを修飾しているのかが紛らわしいという事態を避けることができます。

5&6　例文5は、carefullyがexplainedとuseのどちらを修飾しているのかが明確ではありません。この副詞はuseよりもexplainedを修飾しようとしていると考えられるので（先生の説明が丁寧だったということ）、様態の副詞として主語（teacher）と独立節の動

詞（explained）の間に置くのが正解です。

7&8 ジョーダンが42.195kmのマラソンを毎日走ることを考えていない限り、例文7は誤りです。つまり「特定の頻度」を表す副詞句every dayはrunningではなくthinksを修飾すべきなのです。every dayは文頭にも文末にも配置可能ですが、runningよりもthinksの近く、ここでは文頭に置いた方が修飾する動詞がはっきりしてグッドです。

> to不定詞や動名詞を含む文で副詞を使う際は、どの動詞を修飾するのかをはっきりさせましょう。混乱や誤解を避けるために、修飾される動詞のできるだけ近くに置くのが原則です。

QUESTIONS

[ ]内の副詞を正しい位置に置きましょう。
1. I want to eat *ramen*. [badly] （私は無性にラーメンが食べたい）
2. I plan to study English. [every day] （私は英語を毎日勉強するつもりだ）
3. I want to play tennis. [skillfully] （私はテニスが上手くなりたい）

ANSWERS

1. **I badly want to eat *ramen*.** 解説 badlyはeatではなくwantを修飾すべきなので、主語と修飾される動詞の間に置くのが自然。2. **I plan to study English every day.** 解説 「英語を毎日勉強する」つもりと考えられるので、every dayはplanよりもstudyを修飾するように配置する。3. **I want to play tennis skillfully.** 解説 skillfullyが修飾するのはwantではなくplay。

「頻度」を表すalwaysとoften、「習慣」を表すusuallyの違いを把握しよう!

日本人の混乱度

例文で間違いさがし!

＊What do you eat for breakfast?（朝食に何を食べますか）と聞かれて

1. ✕ **My <u>always</u> breakfast is toast and coffee.**
2. ◯ **I <u>almost always</u> eat toast and coffee.**
　　（ほとんどいつもトーストとコーヒーです）
3. ◯ **My <u>usual</u> (=typical/normal) breakfast is toast and coffee.**
　　（ふだんの朝食はトーストとコーヒーです）
4. ◯ **I <u>usually</u> eat toast and coffee.** （ふだんはトーストとコーヒーです）

＊How often do you go to the movies?（どのくらいよく映画に行きますか）と聞かれて

5. ✕ **I <u>usually</u> go to the movies.**
6. ◯ **I <u>often</u> go to the movies, maybe two to three times a week.**
　　（よく行きます。週に2、3回かな）

＊What do you do on weekends?（週末は何をしていますか）と聞かれて

7. ◯ **I <u>usually</u> go to the movies.** （ふだんは映画に行きます）
8. ◯ **I <u>often</u> go to the movies.** （よく映画に行きます）
9. ◯ **I <u>always</u> go to the movies.** （いつも映画に行きます）

　副詞のalwaysとusuallyとoften。いずれも「いつも」というニュアンスでとらえている人は多いかと思いますが、もちろん正確な意味や用法はそれぞれ異なり、特にusuallyは「頻度」ではなく「習慣」を表す点に注意が必要です。

　1、2、3&4 しばしば「いつも」と訳されるalwaysは副詞で、形容詞としては使えないので、always breakfast（いつもの朝食）とするのは誤りです。代わりに形容詞のusualを使ってusual breakfast、または副詞usuallyを用いてI usually ... とすればOKです。ちなみにusual以外にもtypicalやnormal、それらの副詞typically、normallyも一般によく使用されます（次の例参照）。

◯ **My <u>typical</u> breakfast is toast and coffee.** （典型的な朝食はトーストとコーヒーです）
◯ **I <u>normally</u> eat toast and coffee.** （ふつうトーストとコーヒーをとります）

　上の2文目はI always ... とすることも可能です。ただ、そうするとトーストとコーヒー以外は決してとらないことになり、ニュアンスが少し強すぎるので、例文2のよ

うにalmost alwaysとするのが一般的です。

5&6 usuallyは主に、ふだんしていることを述べる際に使われますが、頻度について表すことはできません。従って、How often do you ... ?（どのくらいよく…しますか）という質問に対してI usually ... と答える場合は、次のように時間的な情報を加える必要があります。

○ **I usually go to the movies on Friday night.**（ふだんは金曜の夜に映画に行きます）

　なお、usuallyと対照的にoftenは頻度に関する情報（two to three times a week）を与える副詞です。

7、8&9 習慣についての質問への答え方としては、I usually ... 、I often ... 、I always ...はどれも適切です。別の例も見てみましょう。

質問：What do you typically eat for lunch?（昼食にはだいたい決まって何を食べますか）

○ **I usually/often/always eat *natto* and rice.**（ふだんは／よく／いつも納豆とごはんを食べます）

> usuallyはふだんしていることを述べる際に使われ、形容詞形はusualです。同様にnormally/normalやtypically/typicalもふだんの習慣を表すのに使われます。alwaysは形容詞としては使用不可なので、「いつもの〜」と言いたいときはusual、normal、typicalなどを用いましょう。often自体は頻度を表しますが、習慣についての質問の答えに使われることもあります。

always、usually、oftenのいずれかを使って空所を埋めましょう。

1. **How _____ do you study English?**
   （どのくらいよく英語を勉強しますか）

2. **What do you _____ do to study English?**
   （英語の勉強のためにふだん何をしますか）

3. **I almost _____ take the train to work.**
   （私はほとんどいつも通勤には電車を使う）

ANSWERS

1. often 解説 頻度をたずねる際にはoftenを使う。**2. usually** 解説 習慣をたずねる際にはusuallyを用いる。この質問への返答例：I usually/typically/normally watch foreign TV shows. **3. always** 解説 alwaysの前にはしばしばalmostが置かれる。

UNIT 4-11　here、there、right、left、outside、insideなどは 副詞になるので、前置詞はつけない

例文で間違いさがし！

1. ✗　Jin <u>came to here</u> yesterday.
2. ○　Jin <u>came here</u> yesterday. （ジンは昨日ここに来た）
3. ○　Jin <u>came from there</u> yesterday. （ジンは昨日そこから来た）

4. ✗　Please <u>turn to right</u> at the next street.
5. ○　Please <u>turn right</u> at the next street. （次の通りで右に曲がってください）
6. ○　Please <u>turn to the right</u> at the next stop sign.
　　 （次の一時停止で右に曲がってください）

7. ✗　Let's <u>eat at outside</u> tonight.
8. ○　Let's <u>eat outside</u> tonight. （今夜は外で食べよう）
9. ○　Let's take the table <u>from outside to inside</u>.
　　 （テーブルを外から中へ持っていこう）

　ちょっとした「日本人あるある」といえるのが、here、there、right、left、outside、inside、up、down、home などの前に前置詞を入れてしまうことです。これらの語が副詞として使われる際は、もちろん前置詞不要。ただ、若干例外もあるので、ここで一気に整理しましょう。

1、2&3 here、there、home、everywhere、anywhere、somewhereなどは時には副詞、時には名詞として機能します。基本的にこれらの前に前置詞toは置かれませんが（例文2）、例文3のようにfromが省かれることはありません。ただ次のように、fromとの対比としてtoが使われることはあります。

○ Jin came <u>from there to here</u> yesterday. （ジンは昨日そこからここに来た）
　　＊同じ意味をJin came <u>here from there</u> yesterday.と表すのも一般的

　from以外on、at、inなどの前置詞も、特にcome、go、take、bring、place、put、setなどの動詞のあとでは省かれるのがふつうです（次の例参照）。

○ Please put the book <u>here</u>. （その本をここに置いてください）　✗ Please put the book <u>on here</u>.

　なお上記の語は、次のように文の主語になる場合は名詞として働きます。

○ <u>Anywhere</u> is fine with me. （私はどこでもOKだ）

4、5 & 6 rightとleftも副詞、名詞の両方で使われ、前置詞toはしばしば省かれます。例文6のように名詞として使われる際は、冠詞（a、the）や所有代名詞（yourなど）が前にくるのがふつうです。前述のfrom there to hereと同様に、from left to rightのようなフレーズではfromとtoが必要となります。なお、upとdownも次のよく見られるフレーズのように、副詞として使われることが多いです。

○ **Look up.**（上を見て）/ **Look down.**（下を見て）✕ Look to up. / Look to down.

7、8 & 9 outsideとinsideが方向や場所を示す際、from以外の前置詞は通常不要です。次のように、ここでもやはりfromは省かれないのです。

○ **He came into the house <u>from outside</u>.**（彼は外から家の中へ入ってきた）

また、例文9で見られるように、from outside to insideではtoが入っていますが、次のような文ではtoは省かれます。

○ **Let's go <u>outside</u>.**（外へ行こう）✕ Let's go to outside.

ちなみにoutsideとinsideは、時に前置詞としても作用することも覚えておいてください。

---

　here、there、home、everywhere、anywhere、somewhere、right、left、up、down、outside、inside などはしばしば副詞として使われ、前置詞to、on、at、in などは不要です。ただし、同じ前置詞でも from が省かれることはなく、またこれらの語が名詞として機能する際は他の前置詞も入用になることがあります（例：to the right）。

次の文を正しい文にしましょう。

1. **From here to there, funny things are in everywhere.**
   （ここからそこまで、愉快なことはどこにでもある）

2. **Please bring your homework to here.**（あなたの宿題をここに持ってきてください）

3. **The students played at outside after lunch.**（生徒たちは昼食後に外で遊んだ）

1. From here to there, funny things are everywhere. 解説 この文は米作家ドクター・スースの有名な絵本「One Fish, Two Fish, Red Fish, Blue Fish」からの引用。**2. Please bring your homework here.** 解説 ここでのhereは副詞としての働きなので、前置詞toは不要。**3. The students played outside after lunch.** 解説 ここでのoutsideは副詞としての働きなので、前置詞atは不要。

似て非なるveryとmuch! 特に形容詞を強調するとき、冠詞の前に置くときは要注意!

日本人の混乱度

例文で間違いさがし!

1. ✕ Linda is <u>very older</u> than her sister.
2. ○ Linda is <u>much older</u> than her sister. （リンダは妹よりずっと年上だ）
3. ○ Linda is <u>very much older</u> than her sister.
   （リンダは妹よりははるかにずっと年上だ）

4. ✕ Kat is <u>much tired</u> tonight.
5. ○ Kat is <u>very/so/too tired</u> tonight. （カットは今夜とても疲れている）
6. ○ Kat worked <u>too much</u> today. （カットは今日、働きすぎた）

7. ✕ Diedre is <u>very the</u> artist!
8. ○ Diedre is <u>quite the</u> artist! （ディードルは大した芸術家だ！）

　今回は主にveryとmuchの用法の違いについて見ていきましょう。2つの語を皆さん気軽に使っているようですが、比較級を強調するのにveryは不可など、使用場面には一定のルールがあります。そのポイントを押さえましょう。

1、2&3 例文1でわかるように、形容詞の比較級（older）を修飾・強調するのにveryは使えません。一方、muchはこのような比較級を修飾するのによく用いられます（例文2）。例文3のように、veryはしばしばmuchとともに使われ、強調度を増します。
　なお、a bit（ほんの少し）やa lot（大いに）も、muchと同様に比較級の修飾によく使われます（例：a bit older、a lot older）。

4、5&6 例文4で見るように、muchは比較級でない形容詞の修飾には用いられません。また、他の副詞を修飾することもできません（✕ He ran <u>much fast</u>）。
　対照的にvery（so、tooも）は例文5のように、比較級でない形容詞や副詞を修飾するのに使われます（次の例も参照）。

○ He is <u>very/so/too</u> fast. （彼はとても速い）＊形容詞fastを修飾
○ He ran <u>very/so/too</u> fast. （彼はとても速く走る）＊副詞fastを修飾

　一方、too much、very much、so muchは例文6や次のように、動詞を修飾するのによく使われます。

○ I didn't __study very much__ for today's exam.（今日のテスト勉強をあまりしなかった）

○ Carson __exercised so much__ yesterday.（カーソンは昨日、運動しすぎた）

　very muchはまた、冠詞の修飾にも使用されることがあります（muchのみではふつう使われない）。

○ Diedre is __very much the__ artist!（ディードルは本当に大した芸術家だね！）

__7&8__　例文7でわかるように、very、so、tooは冠詞（a/an、the）の修飾には使えません。代わりにquiteがよく用いられ、veryと同じように比較級でない形容詞の修飾にも使われます（次の例参照）。

○ She's __quite old__.（彼女はとても高齢だ）

○ She's __quite a__ bit older than Harry.（彼女はハリーより相当年上だ）

　　✕ She's ~~quite much~~ older than Harry.

---

　very、so、too は形容詞と副詞を修飾することができますが、形容詞の比較級を修飾することはできません。形容詞の比較級には much を用い、too much、very much、so much は動詞の修飾が可能です。very、so、too は冠詞（a/an、the）の修飾はできず、quite が代わりによく使われます。

__QUESTIONS__

very、much、quiteのいずれかを使って、次の文を正しい文にしましょう。

1. Lane is very stronger than Lewis.（レーンはルイスよりずっと強い）
2. Kei is much tired tonight.（ケイは今夜とても疲れている）
3. Rina is very the gymnast.（リナはすごい体操選手だ）

__ANSWERS__

1. Lane is much stronger than Lewis.　解説　形容詞の比較級（stronger）を修飾するにはmuchを使う。
2. Kei is very tired tonight. / Kei is quite tired tonight.　解説　形容詞の修飾にはveryとquiteのいずれも可能。
3. Rina is quite the gymnast. / Rina is very much the gymnast.　解説　冠詞の修飾にはquiteがよく使われる。very muchも使用可。

UNIT 4-13　知覚動詞やbecomeなど連結動詞の補語には、副詞ではなく形容詞を使おう!

日本人の混乱度

例文で間違いさがし!

1. ✕ I feel badly that you had to go to so much trouble for me.
2. ○ I feel bad that you had to go to so much trouble for me.
（私のために大変なご苦労をしていただいて申し訳なく思います）

3. ✕ Karen became angrily at her neighbors.
4. ○ Karen became angry at her neighbors.（カレンは隣人に腹を立てた）
5. ○ Karen shouted angrily at her neighbors.（カレンは隣人に怒って叫んだ）

6. ✕ This toy makes the baby happily.
7. ○ This toy makes the baby happy.（このおもちゃは赤ん坊を喜ばせる）
8. ○ This toy makes the baby giggle happily.
（このおもちゃは赤ん坊を楽しそうに笑わせる）

　形容詞と副詞の基本的な違いは理解されていると思いますが、feel や become の補語になるときに誤って副詞を使ってしまう人は少なくないようです。また、SVOC 文型のC（補語）として副詞を使ってしまうケースも。形容詞と副詞の注意すべき点をおさらいしましょう。

1&2 feel、seem、taste、sound、look、appear、smellなどは補語として副詞ではなく形容詞をとります。少し例をあげましょう。
○ She seems happy.（彼女はうれしそうだ）✕ She seems happily.
○ This tastes delicious.（これはとてもおいしい）✕ This tastes deliciously.
○ That sounds perfect.（それは申し分なさそうだ）✕ That sounds perfectly.
○ You look nice.（君はすてきに見えるね）✕ You look nicely.
　知覚動詞look（～に見える）の補語は形容詞でなければなりませんが、自動詞として使われるlook（見る）は、次のように修飾語として副詞が用いられます。
○ She looked at me angrily.（彼女は怒って私を見た）

3、4&5 becomeやbe動詞などの連結動詞も、その補語は副詞ではなく形容詞でなければなりません。

`6、7＆8` SVOC文型での動詞makeの補語に副詞がなることはできません。動詞がkeepの場合も同様です（次の例参照）。

○ **This hat <u>keeps</u> my head warm.**（この帽子のおかげで私の頭はずっと温かい）

　　✕ This hat keeps my head warmly.

　一方、例文8のような文は副詞（happily）がなくても文が完成しているので、形容詞ではなく、動詞giggleを修飾する副詞を用いるのが適切なのです。別の例をあげましょう。

○ **This medicine will make you <u>better quickly</u>.**（この薬を飲めば、すぐによくなるでしょう）

　　＊This medicine will make you betterで、副詞（quickly）のない完成文

> 　feel、seem、taste、sound、look、appear、smellなどやbecomeなどの連結動詞は、補語として副詞ではなく形容詞をとります。SVOC文型で動詞の補語になる形容詞を副詞に置き換えることもできません。副詞を用いるのは、それがなくても文が完成するときのみ適切となります。

QUESTIONS

次の文を正しい文にしましょう。

1. **I feel sadly to hear that news.**（私はその知らせを聞いて悲しく思います）
2. **The children won't stay quietly for long.**
   （子どもたちは長い時間は静かにしていないだろう）
3. **Increasing RPM made the engine run smooth.**
   （RPMが増してエンジンが滑らかに動いた）

ANSWERS

1. I feel sad to hear that news. 解説 知覚動詞feelは補語として副詞ではなく形容詞をとる。2.The children won't stay quiet for long. 解説 ここでのstay（〜のままでいる）は連結動詞として働き、補語として副詞ではなく形容詞をとる。3.Increasing RPM made the engine run smoothly. 解説 Increasing RPM made the engine runまでで完成文であり、smoothlyは動詞runを修飾する。

UNIT
4-14

形容詞には名詞を直接修飾できるものとできないものが！
その違いを見極めよう！

日本人の混乱度

例文で間違いさがし！

1. ✕　**This idea is main.**
2. ○　**This is the main idea.**（これが主なアイデアです）

3. ✕　**Do not wake up the asleep baby.**
4. ○　**Do not wake up the sleeping baby.**（眠っている赤ちゃんを起こさないで）
5. ○　**Shh! The baby is asleep.**（しーっ！　赤ちゃんが寝ています）

6. ○　**He is an old friend.**（彼は古い友人だ）
7. ○　**My friend is old.**（私の友人は年上だ）

　形容詞には名詞を前から限定的に修飾する「限定用法」と、文の補語や述語になる「叙述用法」があります。この2つの区別があいまいなのが「日本人あるある」で、限定用法と叙述用法で意味が変わってくるものもあるので要注意。ポイントを押さえていきましょう。

1&2 修飾する名詞の重要性や独自性、等級などを説明する形容詞main、exact、mere、only、primary、particularなどは常にその名詞の前に置かれます（限定用法の形容詞）。次の例を見てください。

○ **The exact topic under discussion ...**（検討中の正確な議題は…）

　　✕ This discussion point is exact.

○ **The only point we want to discuss ...**（私たちが議論したい唯一の点は…）

　　✕ This discussion point is only.

限定用法の形容詞には他に次のようなものがあります。

　名詞の意味を説明するもの（medical doctorなど）／「時間」に関するもの（future leaderなど）／「地理」に関するもの（northern countriesなど）

　なお、名詞派生の形容詞には限定用法の形容詞として使われるものもありますが、叙述用法の形容詞としては使用されません（次の例参照）。

○ **December weather**（12月の天気）⇔ **typical weather in December**（12月の典型的な天気）

○ **winter coat**（冬のコート）⇔ **a coat for winter**（冬用コート）

3、4&5 asleepのような一部の形容詞は叙述用法でのみ使用されます。これらの形容詞の多くはa-で始まり、主に「ある状態にいる」といった意味を表します。例：afraid、alert、alike、alive、alone、aloof、awake、aware/unawareなど。

　asleepには同等語のsleepingがあり、こちらは例文4のように限定用法が可能です。同様にaliveにはlivingが対応し、次のようになります。

◯ **The fish is still alive.**（その魚はまだ生きている） / ◯ **Every living creature ...**（あらゆる生き物は…）

6&7 これら2つの例文でわかるように、限定用法と叙述用法で意味が変わる形容詞もあります。（限定用法：old friend＝昔からの友人、叙述用法：... is old＝年上だ）

　なお、「兄」のことをelder brotherといいますが、例えばMy brother is elder than I.とはいいません。この場合はolderを叙述用法で使って、My brother is older than I.といいます。最上級も同様です（次の例参照）。

◯ **My eldest brother lives in London.**（私のいちばん上の兄はロンドンに住んでいる）

◯ **George is the oldest out of all of us.**（ジョージは私たち全員の中でいちばん年上だ）

　最後に、次のように名詞を後ろから修飾する形容詞もあることを覚えておいてください。

◯ **something extraordinary**（何か異常なこと） / ◯ **nothing important**（重要ではないこと）

　ほとんどの形容詞は名詞の前（限定用法の形容詞）または動詞のあと（叙述用法の形容詞）に置かれますが、どちらか一方の用法しかないものもあります。main、exact、mere、only、primary、particular などは限定用法のみで、a- で始まる形容詞の多くは叙述用法のみです。oldのような一部の形容詞は、その用法によって意味が変わります。

QUESTIONS

　[　]内の語を並べかえて正しい文にしましょう。

1. [main / This / the / is / point / I / discuss / to / want]
2. [weather / love / I / fall]
3. [is / Jenny / asleep / still]

ANSWERS

1. **This is the main point I want to discuss.**（これが私が議論したい主な点です）　解説 mainは限定用法の形容詞で、名詞pointの前に置く。 2. **I love fall weather.**（私は秋の天気が大好きだ）　解説 名詞fallを限定用法の形容詞としてweatherの前に置く。 3. **Jenny is still asleep.**（ジェニーはまだ眠っている）　解説 asleepは叙述用法の形容詞で、isのあとに置く。

UNIT 4-15 「否定」を表す接頭辞dis-やun-は、くっつく語によって微妙に意味が変わる

日本人の混乱度

例文で間違いさがし！

1. ✕　We improved the product to meet <u>dissatisfied</u> demand in the market.
2. ○　We improved the product to meet <u>unsatisfied</u> demand in the market.（わが社は市場の不満足な需要に応えるよう製品を改良した）
3. ○　Customers were <u>dissatisfied</u> with our latest product improvements.（顧客はわが社の最新の製品改良に満足していなかった）

4. ✕　Mark was upset that he had been <u>uninformed</u> by his teachers.
5. ○　Mark was upset that he had been <u>misinformed</u> by his teachers.（マークは先生に誤ったことを教えられて立腹していた）
6. ○　Mark is <u>uninformed</u> about the contents of today's test.（マークは今日のテストの内容を知らされていない）

7. ✕　Kris is <u>unmature</u> for his age.
8. ○　Kris is <u>immature</u> for his age.（クリスは年齢のわりに子どもっぽい）

「否定」を意味する接頭辞にはdis-、un-、in-、non-などがありますが、それぞれに差異があり、またこれらとmis-の意味を混同しないよう注意しましょう。だいたい何でもun-をつければいいと誤解している人も多いですよ！

1、2＆3　unsatisfiedとdissatisfiedは同義語として扱われることが多いですが、概してunsatisfiedは「人」以外のモノ（demand、needs、expectationsなど）を形容する際に、dissatisfiedは「（人の）満足していない」という感情を述べる際によく使われます。

同様の語としては、uninterestedとdisinterestedがあります。uninterestedは「無関心の」という意味ですが、disinterestedは「公平な」という意味でよく用いられます（次の例参照）。

○　Gil is <u>uninterested</u> in his work.（ギルは自分の仕事に関心がない）
○　We need a <u>disinterested</u> third party to mediate our dispute.（私たちは争議を調停する公平な第三者が必要だ）

また、disorganizedは「かつては整頓されていたが、今は乱雑な状態になってしまった」ことを表し、unorganizedは「整頓されていない現状」を表すのに用いられ

ます。

4、5&6 接頭辞のun-が「否定」を表すのに対し、mis-は「誤って」ということを意味します。従ってmisinformedとは「誤った情報を伝えられた」で、uninformedとは「何も知らされていない」という意味になります。

7&8 「（人が）未熟な、子どもっぽい」という場合はunmatureではなくimmatureを使うのが適切です。unmaturedは、<u>unmatured cheese</u>のように「熟していない」という意味で用いられるのが自然です。un-はまた次のように、in-やir-、non-がより適切な場合に誤って使用される傾向があるので注意しましょう。

○ **insane**（非常識な）× unsane / ○ **irresponsible**（無責任な）× unresponsible /
○ **nonessential**（不要不急な）× unessential

dis-、un-、im-、in-、ir-、non- などの接頭辞は「否定」を表し、mis- は「誤って」を表します。スペルチェック機能は接頭辞の誤りを検知しないことがよくあるので、各々の接頭辞の違いを覚えておくとよいでしょう。

QUESTIONS

[　　]内の正しい方を選びましょう。

1. We should solicit [uninterested / disinterested] advice from a neutral outsider before making a decision.
（決定を下す前に中立な第三者に公平な助言を求めるべきだ）

2. Quitting a job without providing notice to one's employer is considered [irresponsible / unresponsible].
（雇用主への通知なしに仕事を辞めるのは無責任なことと考えられる）

3. It is [immature / unmature] of Sam to play video games during meetings with investors.（投資家との会議中にテレビゲームをするなんてサムは子どもじみている）

ANSWERS

1. **disinterested** 解説 disinterestedは「公平な」という意味で、抽象名詞も修飾できる。 2. **irresponsible** 解説 unresponsibleは一般的に使われない語。 3. **immature** 解説 immatureは「（人が）未熟な、子どもっぽい」という意味。

UNIT 4-16　-ic、-ical、-ful、-ableなどの接尾辞によって意味が変わる形容詞は多数

日本人の混乱度

例文で間違いさがし！

1. ✕ The Chief Economist gave a presentation on the <u>economical</u> forecast for the next 10 years.
2. ○ The Chief Economist gave a presentation on the <u>economic</u> forecast for the next 10 years.
（主席エコノミストは今後10年の経済予測についてプレゼンを行った）

3. ○ Canned sardines are an <u>economical</u> source of essential fatty acids. （イワシの缶詰は必要な脂肪酸の経済的な糧だ）

4. ✕ Please try to be more <u>respectable</u> towards your teachers.
5. ○ Please try to be more <u>respectful</u> towards your teachers.
（先生に対してもっと敬意を持つようにしてください）

6. ○ Your test scores are <u>respectable</u>. （あなたのテストの点数は立派だ）

7. ✕ At the age of 80, Laurie still has a <u>childish</u> sense of wonder.
8. ○ At the age of 80, Laurie still has a <u>childlike</u> sense of wonder.
（80歳にしてローリーはまだ子どものような不思議なことに感嘆する感性を持っている）

9. ○ Stop being so <u>childish</u>, and act like someone your age.
（そんな子どもっぽいことはやめて、年相応の振舞いをしなさい）

　さて今回は接尾辞のお話です。多くの語は語尾に -ic や -ical、-ful や -able などをつければ形容詞になりますが、接頭辞と同じように、同じ語根でも意味が変わってくるものは多々あります。その違いとポイント、おさらいしましょう。

1、2＆3　economicが「経済上の、経済分野の」の意味なのに対し、economicalは「倹約的な、お金を節約する」という意味になります。同様に-icと-icalで異なる意味を持つ形容詞には次のようなものがあります。
historic：歴史上重要な、史上初の／ historical：歴史上の、歴史に関する
comic：こっけいな、喜劇の／ comical：ユーモアのある、おもしろい
　また、-icalではなく一般に-icをとる形容詞にはorganic、heroic、poetic、genericなどがあり、逆に-icalをとる形容詞にはbiological、psychological、logicalなどがあります。

4、5&6 接尾辞の-fulは「いっぱいで」を表し、respectfulとは「〜に敬意を表する」という意味です。他に-fulを持つ主な語としては次のようなものがあります。
careful、faithful、fearful、graceful、helpful、joyful、meaningful、powerful、thoughtful、useful

　接尾辞-ableと-ibleは「可能、適切、原因」を表し、respectableは「尊敬に値する」という意味になります。このように名詞や動詞に-ableがくっついて形容詞になる語は多いですが、次のように特殊なつづりの変化もあるので注意しましょう。
deny ⇒ deniable（語尾のyをiに変える）/ achieve ⇒ achievable（語尾のeをとる）/ operate ⇒ operable（語尾の-ateを-ableに変える）/ control ⇒ controllable（語尾のlを重ねる）

7、8&9 childishは一般にネガティブなニュアンスを持ち、「子どもっぽい、幼稚な」という意味です。対照的に、接尾辞-likeは「〜のような」を表し、childlikeのようにポジティブなニュアンスで使われる傾向が強いです。また、lifelikeという語もありますが、こちらは無生物に対して「生きているような、リアルな」という意味になります。

　economicalやeconomicのような異なる接尾辞と意味を持つ類似語については、両方の形と意味を覚えるのが有益です。さらに、-ful、-able、-ish、-likeなどの接尾辞で終わる語は多くあり、それらの用法を身につければ全体的な語彙強化にもつながるでしょう。

[　　]内の名詞または動詞に適切な接尾辞をつけて、文を完成させましょう。
1. **We need to find a more _____ way to keep our house warm. [economy]** （私たちは家を温かく保つもっと経済的な方法を見つける必要がある）
2. **It is difficult to find _____ housing in San Francisco. [afford]**
   （サンフランシスコで手頃な価格の家を見つけることは難しい）
3. **Please be _____ of my time. [respect]** （私の時間を尊重してください）

1. **economical** 解説 economicalは「倹約的な」という意味。2. **affordable** 解説 affordableは「手の届く、無理なく買える」といった意味。3. **respectful** 解説 ここではrespectableは不適切。

語尾だけが違う名詞と形容詞は要注意!
区別をしっかりして正しい文を書こう!

日本人の混乱度

例文で間違いさがし!

1. ✕ I am not <u>confidence</u>.
2. ○ I don't have <u>confidence</u>.（私は自信がありません）
3. ○ I am not <u>confident</u>.（私は自信がありません）

4. ✕ I don't feel <u>safety</u> walking alone at night.
5. ○ I don't feel <u>safe</u> walking alone at night.
   （夜ひとりで歩くのは安全でないと思う）

6. ✕ This meal gives me <u>pleasing</u>.
7. ○ This meal is <u>pleasing</u>.（この食事は満足のいくものだ）
8. ○ This meal gives me <u>pleasure</u>.（この食事は満足のいくものだ）

　形が似ている抽象名詞とその形容詞形を取り違える（例えばsafetyとsafe）。これも日本人がよくやってしまうミスなんです。特に -enceや-ance で終わる名詞と、-entや-ant で終わる形容詞などは要注意。「私は自信です」みたいな文にならないよう、しっかり区別しましょう。

1、2&3 confidentは形容詞（自信のある）で、confidenceは名詞（自信）です。そのため、I am <u>confident</u>やI feel <u>confident</u>とは言えますが、I am <u>confidence</u>とは言えません（I have <u>confidence</u>ならOK）。このパターンの「形容詞ー名詞」の組み合わせは、他に次のようなものがあります。

arrogant-arrogance、competent-competence、evident-evidence、important-importance、different-difference、indifferent-indifference、intelligent-intelligence、patient-patience、violent-violence

○ **There is no difference between A and B.**（AとBに違いはない）
　　✕ There is no different between A and B.

○ **He is very intelligent.**（彼はとても頭がよい）✕ He is very intelligence.

○ **I am very patient. / I have a lot of patience.**（私はとても辛抱強い）✕ I am very patience.

4&5 多くの人は「安全」＝safetyと覚えていますね。ただ、safetyはあくまで名詞であり、その形容詞形がsafeであることをつい忘れてしまうようです。知覚動詞feel

のあとには名詞ではなく形容詞が必要なのです（例文5）。次の例も参照してください。

○ **Japan is very <u>safe</u> compared to other countries.**（他の国に比べ、日本はとても安全だ）

    × Japan is very safety …

6, 7 & 8 　動詞please（喜ばせる、満足させる）は過去分詞pleased、現在分詞pleasing、名詞pleasure、形容詞pleasantと派生します。pleasedは満足した状態を表し、pleasingはpleasureを与えてくれるモノや状況を説明し、pleasantは「快い、感じのよい」という意味です（次の例参照）。

○ **I am <u>pleased with</u> this dessert. / This dessert is <u>pleasing</u>.**（このデザートには満足だ）

○ **The weather is <u>pleasant</u> today.**（今日の天気は気持ちがいい）

> 　抽象名詞とその形容詞形には、語根が同じで接尾辞のみが異なるパターンが多いです。特に -ent や -ant で終わる形容詞の多くは、-ence や -ance で終わる名詞をつくります。これらの語を使って文を書くときは、使うべきは名詞か形容詞かを慎重に考え、正しい形を選びましょう。

QUESTIONS

[　　]内の正しい方を選びましょう。

1. **The [impatient / impatience] child insisted on eating a cookie before he finished his meal.**
   （その我慢が苦手な子どもは食事を終える前にクッキーを食べると言い張った）

2. **The key to success is not [intelligent / intelligence] but determination.**
   （成功のカギは知力ではなく決断力だ）

3. **The weather today is [pleasant / pleasure].**（今日の天気は気持ちがいい）

ANSWERS

1. impatient 解説 impatientが形容詞で、impatienceは名詞。**2. intelligence** 解説 抽象名詞intelligenceがここでは必要。**3. pleasant** 解説 形容詞pleasantが天気を説明する際にはよく使われる。

前置詞と接続詞

日本人の混乱度 UNIT 5 ❶ 〜UNIT 5 ❷

日本人の混乱度 UNIT 5 ❸ 〜UNIT 5 ⑪

日本人の混乱度 UNIT 5 ⑫ 〜UNIT 5 ⑱

UNIT 5-1

It is ... 構文の意味上の主語はfor 〜で、
人の性質・性格を表すときはof 〜を使おう!

日本人の混乱度

例文で間違いさがし!

1. ✕　I am <u>difficult to do</u> this homework.
2. ○　It is <u>difficult for me to do</u> this homework.
   （私にはこの宿題をするのが難しい）

3. ✕　It is <u>kind for you to carry</u> my bags.
4. ○　It is <u>kind of you to carry</u> my bags.
   （私のかばんを運んでくださって、あなたは親切ですね）

5. ✕　It is <u>good of you to eat</u> lots of fruits and vegetables.
6. ○　It is <u>good for you to eat</u> lots of fruits and vegetables.
   （果物や野菜をたくさん食べるのはあなたにとって良いことだ）

7. ○　It is <u>good of you to open</u> the door for me.
   （ドアを開けてくださって、あなたは良い人ですね）

　中学校で習う〈It is 〜 for/of＋人＋to ...〉構文。おなじみの形かと思いますが、時折、仮主語itのところに「人」をもってくるなど、組み立てをしっかり理解していない人を見かけます。前置詞forとofの使い分けもポイントになるので、ここで押さえておきましょう。

1&2　ここでの形容詞difficultは「私」ではなく「宿題をする」という動作を説明しています。そのため、文の主語は仮主語のitとなり、それがto do this homeworkの代わりとなっているのです。次の例も見てください。

○ It is <u>appropriate for us to take</u> on this challenge.
　（この難題に取り組むのが私たちにとって適当だ）✕ We are appropriate to ...

○ It is <u>necessary for our child to go</u> to cram school.（私たちの子どもは塾に行く必要がある）
　✕ Our child is necessary to ...

3&4　形容詞 (kind) が前置詞の目的語 (you) の性質・性格を説明するときは、forではなくofを使うのがふつうです。次の例も参照してください。

○ It is <u>nice of you</u> to offer to help.（手助けを申し出てくださって、あなたは親切ですね）
　もしIt is nice <u>for you</u> to offer to help.とした場合、「手助けを申し出ること」は

「あなた」に何らかの利益をもたらすという意味になり、「親切」という性格を表すことにはなりません。次の例では、youの性質がgraciousということがわかります。

○ It is <u>gracious of you</u> to bring a gift.

　（プレゼントを持ってきてくれるなんて、あなたは優しいですね）

5、6&7 例文のように、It is good for you ... と It is good of you ... は文の意味によって両方可能です。It is good for you ... は真主語（to eat lots of fruits and vegetables）がyouにとって有益であることを表し、It is good of you ... は真主語（to open the door for me）がyouの良い性格を象徴しています。次の2つの例も比べてみてください。

○ It would be <u>good for you</u> to get more exercise.（あなたはもっと運動するのがよいだろう）

○ It would be <u>good of you</u> to help me in the kitchen.

　（台所で私を手伝ってくれて、あなたは良い人なのね）

〈It is 〜 for/of＋人＋to ...〉構文は一般に、「人」に関連する動作（to ...）を説明するのに使われます。動作の結果として「人」が受ける恩恵を表す際は「人」の前にforを、「〜」（形容詞）が「人」の性質・性格を表すときは「人」の前にofを置きましょう。

次の文を正しい文にしましょう。

1. It is kind for you to offer to help.（手助けを申し出てくださって、あなたは親切ですね）
2. It is good of you to eat five fruits and vegetables a day.
　（あなたは1日に5種類の果物と野菜を食べるのがよい）
3. I am difficult to speak English.（英語を話すことは私にとって難しい）

ANSWERS

1. It is kind <u>of</u> you to offer to help. 解説 kindはyouの性格。**2.** It is good <u>for</u> you to eat five fruits and vegetables a day. 解説 「1日に5種類の果物と野菜を食べること」が「あなた」に利益をもたらす、ということ。**3.** <u>It is</u> difficult <u>for me</u> to speak English. 解説 difficultはIではなくIt＝to speak Englishを説明している。

UNIT 5-2

付帯状況のwithは、whileなど接続詞との置き換え不可! withのあとの定型も覚えよう!

例文で間違いさがし!

1. ✕ I accept this honor deep gratitude in my heart.
2. ○ I accept this honor <u>with</u> deep gratitude in my heart.
   （心からの深い感謝とともにこの栄誉をお受けします）

3. ✕ <u>While</u> many people talking in the background, it's difficult to concentrate.
4. ○ <u>With</u> many people talking in the background, it's difficult to concentrate. （背後で多くの人が話していて集中するのが難しい）

5. ✕ <u>Because</u> the public scared and upset about police brutality, the mayor tried to bring calm to the city.
6. ○ <u>With</u> the public scared and upset about police brutality, the mayor tried to bring calm to the city.
   （民衆は警察の暴力を恐れ怒っており、市長は街に平静をもたらそうとした）

　今回は「付帯状況」についておさらいしましょう。「with＋目的語」を基にして、あとに現在分詞、過去分詞、前置詞、形容詞、to不定詞などがよくきます。その名の通り、何か状況をつけ加えたいときに便利な表現ですが、肝心のwithにまつわるミスをする人が意外と多いようです。チェックしましょう。

1&2 例文2では「with＋目的語（gratitude）＋前置詞句（in my heart）」が動詞accept を修飾しています。これは、次のように最も一般的な形の1つです。

○ <u>With dinner on the table</u>, we are ready to eat. （テーブルに夕食が整い、食事の支度ができた）

○ It is difficult to find anything <u>with so many papers on my desk</u>.
　（机に書類がこんなにたくさんあると何かを見つけるのは困難だ）

3&4 ここでの形「with＋目的語＋現在分詞（-ing）」と、whileなどの接続詞で導かれる副詞節を混同している人は多いので要注意です。もし例文3のようにwhileを使いたい場合はWhile many people <u>are</u> talking ... と、be動詞を加えなければなりません。

　もちろん例文4のように、withを使って表した方がシンプルで便利です。次の例も

参照してください。

○ **With so many things going on, I never have any time to rest.**

（あまりに多くのことが進行していて、休む時間がまったくない）✕ While so many things going on ...

なお、この文は「with＋目的語＋to不定詞」でもほぼ同じ意味を表すことができます。

○ **With so many things to do, I never have any time to rest.**

（すべきことがあまりに多くて、休む時間がまったくない）

5 & 6　例文6の「with＋目的語＋過去分詞（scared）または形容詞（upset）」も一般的な付帯状況の形です。次の例も見てください。

○ **With our bags packed, we are ready to go!**

（かばんの荷造りも済んで、いつでも出発できるよ！）

○ **With everything finished, it's time to go home.**（すべてが終わって、さあ帰る時間だ）

○ **With the party over, I can finally sit down and relax.**

（パーティーが終わって、やっと座ってゆっくりできるよ）

> 付帯状況「with＋目的語＋現在分詞／過去分詞／前置詞／形容詞／to不定詞」は便利な表現ですが、接続詞で導かれる副詞節との誤用に注意しましょう。

適切な箇所に with を加えて文を完成させましょう。

1. **The apartment comes all utilities included at no extra monthly fee.**

   （この部屋には追加家賃なしですべての公共料金が含まれています）

2. **The hamburger is served fries on the side.**

   （ハンバーガーには一緒にフライドポテトがついています）

3. **It is sadness in my heart that I say farewell to all of you.**

   （心から寂しいですが、皆さんにお別れを申し上げます）

1. The apartment comes <u>with</u> all utilities included at no extra monthly fee. 解説 come with ～（～が一緒についてくる）はよく使われる表現。2. The hamburger is served <u>with</u> fries on the side. 解説 on the side を省いてもほぼ同じ意味。3. It is <u>with</u> sadness in my heart that I say farewell to all of you. 解説 スピーチや弔辞などでよく使われる表現。

UNIT 5-3

during（～の間に）のあとは名詞、
while（～する間に）のあとは節（主語＋動詞）を続けよう!

日本人の混乱度

例文で間違いさがし!

1. ✗ **While** my vacation in Bali, I went to Ubud Monkey Forest.
2. ○ **During** my vacation in Bali, I went to Ubud Monkey Forest.
   （バリでの休暇の間、私はウブド・モンキーフォレストへ行った）
3. ○ **While** I was in Bali, I went to Ubud Monkey Forest.
   （バリにいる間、私はウブド・モンキーフォレストへ行った）

4. ✗ We discussed many important matters **during** talking on the phone.
5. ○ We discussed many important matters **while** talking on the phone. （電話での通話中、私たちは多くの重要な要件を議論した）
6. ○ We discussed many important matters **during** our phone conversation. （電話での会話中、私たちは多くの重要な要件を議論した）

7. ✗ The clown can juggle <u>at the same time</u> standing on a wobbly table.
8. ○ The clown can juggle <u>while</u> standing on a wobbly table.
   （ピエロはぐらぐらするテーブルの上に立ちながらジャグリングすることができる）
9. ○ The clown can juggle <u>at the same time</u> he stands on a wobbly table. （ピエロはぐらぐらするテーブルの上に立つのと同時にジャグリングすることができる）

　2つ以上の動作が同時に起きていることを表すのに便利なduringとwhile。「～の／する間に」といった意味ですが、品詞の違いを理解していないためか、この2つの語の取り違えミスがよく発生します。ここで正しい使い方をマスターしましょう。

1、2&3 whileは前置詞ではなく接続詞なので、例文1は誤りです。接続詞に名詞（vacation）を続けることはできません。例文2のように、whileを前置詞duringにすればOKです。whileのあとに節（主語＋動詞）を続けることも可能です（例文3）。また、このようにwhile節の主語が主節の主語と同じときは、whileのあとの主語とbe動詞は省略されることがよくあります（次の例参照）。

○ <u>While on vacation in Bali,</u> I went to Ubud Monkey Forest.
（バリでの休暇中、私はウブド・モンキーフォレストへ行った）

ただし、while節の主語は、それが主節の主語と違う場合は省略できません。

○ While **my husband** was on vacation in Bali, I stayed at home to work.
（夫が休暇でバリにいる間、私は仕事で家にいた）

`4、5&6` 前置詞duringのあとに動詞の-ing形は一般にこないので、例文4は誤りです。代わりにwhileを使いましょう（例文5）。主語（we）がwhile節と主節で同じ場合は、whileのあとの主語とbe動詞は省略できます。または、別の目的語を前置詞duringに続けてもよいでしょう（例文6）。

`7、8&9` at the same time ...（…と同時に）は次のように、時折whileと互換されます。

○ The earthquake struck **while/at the same time** the Prime Minister was out of the country.（首相の外遊中に地震が襲った）

しかしながら、例文7のように、at the same timeのあとの主語とbe動詞は省略することはできません。また、at the same timeは異なる動作を表す2つの動詞のあとにもよく置かれます（次の例参照）。

○ Don't walk and text **at the same time**.（歩きスマホをしないで）

＊ = Don't text while you are walking.

during、while、at the same time は、ある一定の時間内や同時に起きている動作を述べるのに使われます。during は前置詞で、そのあとに「期間」がきます。while は接続詞で、while節の主語が主節の主語と同じ場合、while節の主語とbe動詞はしばしば省略されます。at the same time に続く節では、その主語と動詞が省略されることはありません。

QUESTIONS

during、while、at the same timeのいずれかを使って空所を埋めましょう。

1. Please raise your hand if you wish to speak ＿＿＿＿＿＿ the meeting.
（会議中に発言したいときは手をあげてください）

2. Many young women do their makeup ＿＿＿＿＿＿ on the train.
（多くの若い女性が電車内でメイクをする）

3. It is difficult to rub the belly and pat the head ＿＿＿＿＿＿.
（同時にお腹をさすって頭をたたくのは難しい）

ANSWERS

1. **during** 解説 meetingは前置詞duringの目的語。 2. **while** 解説 while節の主語（women）は主節の主語と同じなので、主語とbe動詞は省略可。 3. **at the same time** 解説 at the same timeはしばしば2つの動詞のあとにくる。

UNIT 5-4

by（～までに）とuntil/till（～までずっと）は、
意味だけでなく用法の違いも押さえよう!

日本人の混乱度

例文で間違いさがし!

1. ✕　Please turn the report in <u>until</u> the end of the day.
2. ◯　Please turn the report in <u>by</u> the end of the day.
   （今日中にレポートを提出してください）

3. ◯　You have <u>until</u> the end of the day to turn the report in.
   （レポートの提出は今日いっぱいです）

4. ✕　<u>Until</u> I retire, I hope to have enjoyed many business trips overseas.
5. ✕　<u>By</u> I retire, I hope to have enjoyed many business trips overseas.
6. ◯　<u>By the time</u> I retire, I hope to have enjoyed many business trips overseas.（退職するまでに多くの海外出張を楽しんでいたいと思う）

7. △　The store is usually open 'til 10 o'clock.
8. ◯　The store is usually open <u>till</u> 10 o'clock.
   （その店はふだん10時まで開いている）

　日本語では何となく「〜まで」と覚えてしまうbyとuntil、till。でもこの意味の違いをつかみきれずに使ってしまっているのが「日本人あるある」ですね。不用意に主語＋動詞を続けたりするミスもあります。このユニットが終わる「までには」もやもや解消といきましょう。

1、2&3 例文2は「締め切り」（the end of the day）について述べているので、until（～までずっと）ではなくby（～までには）が適切です。もし今から最終時まで通した時間を表したいなら、例文3や次の例のようにuntilを使うのが自然でしょう。

◯ I plan to keep working on this report <u>until</u> the end of the day.（今日いっぱいはこのレポート作成を続けるつもりだ）＊untilは「今から今日の終わる時までずっと」を表している

4、5&6 untilは、次の例のように接続詞として主語＋動詞を続けることもできます。

◯ I plan to keep working <u>until I turn 65</u>.（私は65歳になるまで働き続けるつもりだ）

しかしながら、例文4のように現在完了形（have enjoyed many business trips）とともに使うのは適切ではありません。現在完了形は動作がすでに完了したことを意味するからです。もしuntilを使うなら次のようにいえるでしょう。

○ <u>Until</u> I retire, I hope to <u>keep taking business</u> trips overseas.
（退職するまで海外出張をし続けたいと思う）

一方、byは前置詞のみで、主語と動詞を続けることはできません。代わりに例文6や次の例のようにby the timeを使うことができます。

○ I plan to retire <u>by the time</u> I turn 65. （私は65歳になるまでに退職するつもりだ）
＊= I'll retire sometime before I turn 65.

7&8 tillはuntilの省略形で'tilとも表記する、と思っている人は多いかもしれません。たしかに辞書によっては'tilの用法を認めているものもありますが、大半のスタイル手引きではこの用法を推奨していません。実際のところtillというのはuntilよりも古い語であって、同じ意味で使われているからです。唯一の違いはtillの方がややカジュアルと考えられる点ですが、両方ともはフォーマルなライティングでも認められています。

> byは「締め切り」を述べる際に使われる前置詞で、untilは「今から締め切りまでのすべての時間」を表す前置詞または接続詞です。by the timeは文（主語＋動詞）として設定される「締め切り」を述べるのに用いられます。till と untilは同じ意味ですが、tillの方がややカジュアルと考えられています。

by、until、by the timeのいずれかを使って空所を埋めましょう。

1. Creighton usually returns home from work _____ 9 p.m.
（クライトンはふだん午後9時までに仕事から帰宅する）

2. Creighton usually stays in the office _____ his boss goes home.
（クライトンはふだん上司が帰宅するまでオフィスにいる）

3. Creighton tries to finish all his work _____ his boss goes home.
（クライトンは上司が帰宅するまでにすべての仕事を終わらせようとする）

1. by 解説 「〜までに」の意味のbyを用いる。**2. until** 解説 stays in the officeという動作がhis boss goes homeという「締め切り」まで続いている。**3. by the time** 解説 his boss goes homeという「締め切り」の前にfinishするということ。byは前置詞で接続詞ではないので、by the timeを使う。

UNIT 5-5　ifだけじゃない「条件」や「譲歩」を表すunless、in case、even if、only ifなどの用法

日本人の混乱度

例文で間違いさがし！

1. ✕ **Please take an umbrella <u>unless</u> it rains.**
2. ○ **Please take an umbrella <u>in case</u> it rains.**
  （雨が降るといけないから傘を持っていってください）
3. ○ **We'll have the picnic <u>unless</u> it rains.**
  （雨が降らなければピクニックをするつもりだ）

4. ✕ **I'll tell you a secret <u>even if</u> you promise not to share it.**
5. ○ **I'll tell you a secret <u>only if</u> you promise not to share it.**
  （誰にも言わないと約束してくれる限り、秘密を教えるよ）
6. ○ **I won't tell you the secret <u>even if</u> you promise not to share it.** （誰にも言わないと約束してくれたとしても、秘密は教えないよ）

7. ✕ **<u>Supposing</u> you could go anywhere in the world, where <u>will</u> you go?**
8. ○ **<u>Supposing</u> you could go anywhere in the world, where <u>would</u> you go?** （世界のどこへでも行けるとしたら、どこへ行きますか）

　「もし〜なら」のifは皆さんよくご存じですが、それに関連する表現のin caseやunless、only if、even if、supposingなどをしっかり区別して使いこなしている人は多くないようですね。意味・ニュアンスの違いを理解して、「条件」や「譲歩」を正しく表せるようになりましょう。

1、2＆3 unlessは「もし〜てなければ」の意味で、<u>unless</u> it rains＝if it doesn't rain（もし雨が降らなければ）です。in caseは「念のため、〜の場合に備えて」という意味で、次のようにin the event thatと置き換えることもできます。

○ **Please take an umbrella <u>in the event that</u> it rains.** （雨が降ったときのために傘を持っていってください）

in the event thatはin caseよりもフォーマルで、契約書などでよく使われます。

4、5＆6 even ifは「たとえ〜としても」という「譲歩」を表します。次の例のように、「〜なんてありえない」というような文で使われることもよくあります。

○ You couldn't get me to do that job <u>even if</u> you offered to pay me a million dollars.

（100万ドル払うと言ってきても、あなたは私にその仕事をさせることはできないだろう）

only ifは「〜する限りは」という「条件」を表し、as long asでも代用できます。よりフォーマルな表現としてはproviding/provided that、on the condition thatなどがあります（次の例参照）。

○ <u>Providing that/On the condition that</u> you make all of your payments, we'll continue to offer our services. （支払いが完了した場合に限り、サービス提供を継続いたします）

なお、providing/provided thatとon the condition thatはややカジュアルな状況でas long asと置き換えられます。

7 & 8 supposing （またはsupposed） は「もし〜としたら」で、仮定の話を設定するのによく使われます。この場合、仮定法過去扱いになるので助動詞willは過去形wouldにするのが適切です。

> unless は「もし〜でなければ」、in case は「念のため、〜の場合に備えて」。even ifは「たとえ〜としても」で、only ifと as long asは「〜する限り」です。
> supposing/supposed（もし〜としたら）は仮定の話の設定に使われるため、主節の助動詞は過去形（would、couldなど）にしましょう。

QUESTIONS

unless、in case、providing that、supposingのいずれかを使って空所を埋めましょう。

1. ＿＿＿＿＿＿ you won the lottery, what would you do?
（もし宝くじに当たったとしたら、何をしますか）

2. ＿＿＿＿＿＿ the students pay attention in class and do all of their homework, they should learn the material.
（生徒たちは授業で集中して宿題をすべてする限り、授業内容を学ぶはずだ）

3. You should apply to some safe schools ＿＿＿＿＿＿ you don't get into your top choice.
（第1志望に受からなかったときのために、あなたは無難な学校も何校か受験すべきだ）

ANSWERS

1. **Supposing** 解説 仮定の話の設定なのでsupposingを使う。 2. **Providing that** 解説 as long asも可。
3. **in case** 解説 in caseは「念のため」という意味。

UNIT
5-6

「確信度」を表すsure/certain to ～とsure/certain of ～
は、誰の視点かによって使い分けよう!

日本人の混乱度

例文で間違いさがし!

＊話者はコウキがビジネス会議の席上で英語を話すと確信している

1. ✕ Kouki is <u>sure of</u> speaking English during the business meeting.
2. ○ Kouki is <u>sure to</u> speak English during the business meeting.
（コウキは必ずビジネス会議中に英語を話すだろう）

＊コウキは自分の英会話力に自信を持っている

3. ○ Kouki is <u>sure of</u> his ability to speak English.
（コウキは自分の英会話力に自信がある）

4. ✕ Kouki is <u>sure to</u> be able to speak English.

＊話者はマッティが明日の会議に都合がつくと確信している

5. ✕ Mattie is <u>certain of</u> her availability for tomorrow's meeting.
6. ○ Mattie is <u>certain to be</u> available for tomorrow's meeting.
（マッティは必ず明日の会議に都合がつくはずだ）

　sure/certain to ～と sure/certain of ～。この2つの明確な用法の違い、わかりますか。意味はそれぞれ「～すると確信して」「～に自信があって」などですが、その「確信度」を述べる視点によって使い分ける必要があるのです。その点があいまいな人が多いようなので、ここでしっかり整理しましょう。

1&2 sure to ～（「～」には動詞の原形がくる）は、その文の主語ではなく話者（第三者）の視点での確信度を表します（例文2）。次の例も見てください。

○ Aiden is <u>sure to</u> appear at tomorrow's meeting.（エイデンはきっと明日の会議に現れる）
　　＊話者はエイデンが現れることを確信している

○ Noam is <u>certain to</u> ask for a raise.（ノームは間違いなく昇給を求めてくる）
　　＊話者はノームが昇給を求めることを確信している

○ Ervin is <u>sure to</u> win the game.（アービンはきっと試合に勝つよ）
　　＊話者はアービンが勝つことを確信している

　なお、sureよりもcertainの方がいくぶんフォーマルです。

3 & 4 sure of ～（「～」には名詞がくる）は例文3や次の例のように、文の主語が抱く確信度や自信を表すときに用います。

○ **Kouki seems <u>sure of</u> himself.**（コウキは自分に自信があるようだ）

＊コウキは自分自身に自信を持っている模様

反対の表現はunsure of ～となります。

○ **Kouki seems <u>unsure of</u> himself.**（コウキは自分に自信がないようだ）

＊コウキは自分自身に自信を持っていない模様

○ **I wouldn't be so <u>sure of</u> that.**（私はそれにはあまり自信がないね）

この文の主語（I）は、それ（that）に対して、聞き手が持っているほどの自信を持ち合わせていない、ということを述べています。会話で相手の言ったことを否定するのによく使われる言い回しです。

5 & 6 例文6のcertain to ～は、マッティが明日の会議に都合がつくということを、（マッティ本人ではなく）話者が確信していることを表しています。

> 文の<u>話者</u>の確信度を表す際はsure/certain to ～を、文の<u>主語</u>の確信度や自信を表す際はsure/certain of ～を使いましょう。I wouldn't be so sure of thatは、会話で相手が言ったことを否定するときに便利な表現です。

QUESTIONS

sure to ～またはsure of ～を使って、次の日本語を英語にしましょう。
1. 彼は必ず明日来てくれるはずです。
2. 詩人は自分の見たものを確信するのです。
3. 子どもはきっとすぐに元気になりますよ。

ANSWERS

1. **He is sure to come tomorrow.** 解説 話者の確信度を表すときはsure to ～を使う。 2. **The poet is sure of what he sees.** 解説 主語の確信度を表す際はsure of ～を使う。 3. **The child is sure to get well soon.** 解説 話者の確信度を表すときはsure to ～を使う。

UNIT 5-7

except、except forは「〜以外」、withoutは「〜なしで」と覚えていても、用法には細心の注意を!

日本人の混乱度   😔

例文で間違いさがし!

1. ✕ I'd like to order the salad <u>except</u> dressing.
2. ○ I'd like to order the salad <u>without</u> dressing.
   （ドレッシングなしのサラダを注文したいです）

3. ○ I like this salad <u>except for</u> the dressing.
   （ドレッシング以外はこのサラダが好きだ）
4. ✕ I like this salad <u>except</u> the dressing.
5. ○ I like all the food here <u>except (for)</u> the salad dressing.
   （サラダドレッシングを除いて、ここの食べ物は全部好きだ）

6. ✕ Regina never drives, <u>except for</u> to go to her friend's house.
7. ○ Regina never drives, <u>except to</u> go to her friend's house.
   （レジナは友達の家へ行く以外、決して車の運転をしない）

　「〜を除いて」などを表すexcept、except for、withoutは多少紛らわしく、用法ミスが頻発する表現でもあります。特にexceptとexcept forは互換できるケースと、どちらか一方が適切または好まれるという場合があるので、そのあたりの使い分けを中心に見ていきましょう。

1&2 exceptは「例外」を指摘するのに用いられ、一方withoutは「〜なしで、欠落して」を表します。そのため、互いに認識するものを持たなかったり含まなかったりする何かを求める際にはwithoutを使いましょう（salad without dressing）。withoutのあとに単数可算名詞が続く場合は、冠詞を省略しません（例：without a coat　✕ without coat）。また、withoutは否定的な意味を持つので、別の否定語をあとに続けるのは避けましょう。

○ **I waited around all day <u>without</u> anything to do.**（私は何もすることなく一日中待っていた）

　✕ without nothing to do

3、4&5 exceptとexcept forは、例文5のように、allやany、everyなどを含む全般的な発言を踏まえてから名詞の前に置く場合、互換がききます。ただ、exceptが文頭にきて、あとに名詞が続く際はexcept forを使うのが一般的です（次の例参照）。

◯ **Except for** the salad dressing, I like all the food here.（サラダドレッシング以外は、ここの食べ物は全部好きだ）

　また（exceptではなく）except forのあとに名詞が続く場合、文の主要部の発言（I like this salad）が実際はそうではなかったことを示唆しています。他の例も見てみましょう。

◯ We enjoyed our trip to the beach, <u>except for</u> the rain, the fighting, and the terrible food.
　（雨やけんか、ひどい食べ物以外はビーチ旅行を楽しんだよ）＊ビーチ旅行は実際は楽しくなかった

6&7 以下のような文法構造の際は、except forよりもexceptが必要とされます。
1）例文7のように、to不定詞があとに続くとき
2）「(that) 文」があとに続くとき：◯ **Ken is mostly easy to live with, <u>except (that)</u> he throws his dirty socks on the floor.**（ケンは汚れた靴下を床に放り投げることを除いては、だいたい一緒に住みやすい）
3）if節があとに続くとき（たいていの場合）：◯ **I'll go to the picnic <u>except if</u> it rains.**（雨が降らなければピクニックに行くつもりだ）＊except if = unless
4）動詞があとに続くとき（たいていの場合）：◯ **I'll do anything for you <u>except break</u> the law.**（法を破る以外はあなたのために何でもしよう）

　文法書によっては前置詞とwh-節があとに続く場合もexceptを使うべきとされています。しかし実際には、多くのネイティブが前置詞やwh-節の前に普通にexcept for を使っています（次の例参照）。

◯ There's nowhere to buy groceries around here, <u>except (for) at</u> the small convenience store by the station.（駅のそばの小さなコンビニ以外、このあたりに食料品を買う場所はない）

> withoutは「〜なして」という意味で、「〜以外」を表すexceptとexcept for は互換できるケースとできないケースがあります。

次の文を正しい文にしましょう。
1. **I left the house without umbrella today.**
　（今日は傘を持たずに家を出てきてしまった）
2. **Everything is okay, except for the washing machine broke down.**
　（洗濯機が壊れた以外は万事OKだ）
3. **Except for your kindness, I would have been miserable here.**
　（あなたのご親切がなければ、私はここで惨めな気持ちだったでしょう）

1. I left the house without **an** umbrella today. 解説 withoutのあとの単数可算名詞には冠詞が必要。
2. Everything is okay, except **(that)** the washing machine broke down. 解説 except forのあとには文を続けない。3. **Without** your kindness, I would have been miserable here. 解説 「互いに認識する『もの』がない」状態を表すにはwithoutを使う。

UNIT 5-8

because、because of、due toを正しく使い分けよう!
according toとの意味の違いもチェック

日本人の混乱度   😔

例文で間違いさがし!

1. ✕ We're cancelling the picnic <u>due to</u> it's raining.
2. ○ We're cancelling the picnic <u>because</u> it's raining.
   （雨が降っているのでピクニックは取りやめにしよう）

3. ✕ We're cancelling the picnic <u>according to</u> the rain.
4. ○ We're cancelling the picnic <u>due to</u> the rain.
   （雨のためピクニックは取りやめにしよう）

5. ○ We're cancelling the picnic <u>because of</u> the rain.
   （雨なのでピクニックは取りやめにしよう）

6. ○ We're cancelling the picnic <u>due to the fact that</u> it's raining.
   （雨が降っているという事実のためにピクニックを取りやめにしよう）

7. ✕ We usually decide what to do <u>due to</u> the weather.
8. ○ We usually decide what to do <u>according to</u> the weather.
   （私たちはふだん天候次第で何をするかを決める）

「原因・理由」を表すbecause、because of、due toも微妙に使い分けをミスする人が多い語句です。まずはbecauseは接続詞であること、because ofとdue toのあとには名詞がくることを頭に置きましょう。またdue toとaccording toの区別も意外とあいまいですよ!

1&2 due toは前置詞句なので「主語＋動詞」（it's raining）があとに続くことはありません。その場合は、例文2のように接続詞becauseを使いましょう。asとsinceも「原因・理由」を示す接続詞として使われることがありますが、その際には少し注意が必要です。

△ We're cancelling the picnic <u>as it's raining</u>.

＊「雨が降っている<u>最中は</u>ピクニックをやめる」のか「雨が降っている<u>ので</u>ピクニックをやめる」のかが不明確

このように紛らわしいのでasを原因を示す接続詞として使うことに反対する言語学者もおり、また同様の理由でsinceも原因を示す接続詞として使うべきではないと考える人もいます（次の例参照）。

△ We've been eating apples every day <u>since James sent us a big box of them</u>.

＊「ジェームスがリンゴの入った大きな箱を送ってくれた<u>ので</u>毎日リンゴを食べている」のか「ジェームスがリンゴの入った大きな箱を送ってきてくれた<u>とき以来</u>毎日リンゴを食べている」のかが不明確

とはいえ、大半の辞書はbecauseの意味でasとsinceを使うことを許容しているので、文脈や説明によって文の意味が明確になるならば使用しても問題ないでしょう。

`3、4、5&6` 例文4〜6のように、due toとbecause ofは両者ともあとに名詞（rain、the fact that）が続き、原因・理由を説明します。次の例も見てください。

○ The price of bread has increased <u>due to</u> the global shortage of wheat.

（小麦の世界的な不足のためにパンの価格が上がっている）

なお、due toとdue to the fact thatの方がbecause ofとbecauseよりもいくぶんフォーマルです。

`7&8` according toは例文8や次の例のように、becauseなどの「〜のために」というよりも「〜に従って、〜次第で」という意味を表します。

○ My opinion on this subject tends to vary <u>according to</u> my mood.

（このテーマに関する私の意見は気分次第で変わりがちだ）

because、as、sinceはいずれも「原因・理由」を示す接続詞として使われ、あとに「主語＋動詞」がきます。「原因・理由」を名詞で表したいときはdue toあるいはbecause ofを用いましょう。due toはdue to the fact thatというフレーズにして文を続けることもできます。according toは「〜に従って、〜次第で」という意味です。

QUESTIONS

because、due to、according toのいずれかを使って空所を埋めましょう。

1. Our pet bird seems to sing ＿＿＿＿＿＿ whether he's eaten or not.
   （私たちのペットの鳥はえさを食べたかどうかによって、さえずるようだ）

2. The plane's departure has been delayed ＿＿＿＿＿＿ adverse weather conditions.（飛行機の出発は天候状態不良のために遅れている）

3. The plane's departure has been delayed ＿＿＿＿＿＿ the Meteorological Agency has issued a severe weather warning for this area.
   （気象庁がこの地域に荒天警告を発出したため、飛行機の出発は遅れている）

ANSWERS

1. **according to** 解説 鳥はえさを食べたかどうかに「従って」さえずる、ということ。 2. **due to** 解説 ここではbecause ofとしてもOK。 3. **because** 解説 文の前にはbecauseを使う。

「〜かどうか」を表すwhetherとif
──whetherはオールラウンダー、ifは使用制限あり

日本人の混乱度

例文で間違いさがし！

1. ✕ I'm thinking about <u>if</u> I should go to the party.
2. ○ I'm thinking about <u>whether</u> I should go to the party.
　　（私はパーティーへ行くべきかどうか考え中だ）
3. ○ I'm considering <u>if</u> I should go to the party.
　　（私はパーティーへ行くべきかどうか考え中だ）
4. ○ I'm considering <u>whether</u> to go to the party.
　　（私はパーティーへ行くべきかどうか考え中だ）
5. ✕ I'm considering <u>if</u> to go to the party.

6. ○ <u>If</u> I go, I'll take some champagne.
　　（もし行くなら、シャンパンを持っていくつもりだ）
7. ✕ <u>Whether</u> I go, I'll take some champagne.

8. ○ Please let me know <u>whether</u> you will come.
　　（来るかどうか教えてください）
9. ○ Please let me know <u>if</u> you will come. （来られるならご一報ください）

　間接疑問文でよく使われる接続詞のwhetherとif。「〜かどうか」の意味ではたいてい互換がききますが、用法や状況によってはいずれか一方しか使えないケースもあり、その区別があいまいな人はけっこう多いですね。ここでしっかりチェックしていきましょう。

1、2、3、4&5　これらの例文はいずれもShould I go to the party?という直接疑問文を間接疑問文にしたものです。ここではifもwhetherも、YesかNoで答えられる間接疑問文をつくるのに使用可能です。例えば例文3は次のようにもできます。

○ I'm considering <u>whether</u> I should go to the party.
　（私はパーティーへ行くべきかどうか考え中だ）

またこの文や例文3は、次のようにor notを加えることもできます。

○ I'm considering <u>if/whether</u> I should go to the party <u>or not</u>.
　（私はパーティーへ行くべきか行かないべきか考え中だ）

ただし、or notを直後に続けられるのはwhetherのみです。

○ I'm considering **whether or not** I should ...　✕ I'm considering if or not ...

　　なお例文1や例文5のように、ifを前置詞（about）のあとに置くこと、to不定詞（to go to the party）の前に置くことはできません。

6&7　この2つの例文でわかるように、選択肢の含みがない仮定の状況を設定する際に使えるのはifだけです。つまり「パーティーへ行かない場合はパーティーへシャンパンを持っていかない」ということになるので、ここでwhetherを使うのは適切ではありません。次の例も見てください。

○ **If I go to Singapore, I'll visit the Botanic Gardens.**
　（シンガポールへ行ったら、シンガポール植物園を訪れるつもりだ）✕ Whether I go to Singapore, ...

　　一方、選択肢の含みがある場合は、次のようにwhetherを用いましょう。

○ **Whether I go to the party (or not), I'll drink champagne.**
　（私はパーティーへ行こうと行くまいと、シャンパンを飲むつもりだ）

8&9　whetherを使うかifを使うかで文の意味が変わる場合もあるので、注意が必要です。whetherには常に選択肢の含みがありますが（or not）、ifはそうではありません。

> 　whetherとifはいずれも通常、YesかNoで答えられる間接疑問文をつくるのに使用可能です。ただし、前置詞のあと、またはto不定詞の前にくるのはwhetherのみです。選択肢の含みがない節を導くときにはifを、選択肢の含みがある節を導くときにはwhetherを用いましょう。

QUESTIONS

whetherかifを使って空所を埋めましょう。

1. _____ or not we win, I'll be proud of the work we did to get here.
　（勝っても負けても、私はここに至るまでやってきたことを誇りに思うだろう）

2. Please tell me _____ you need anything.
　（何か必要なものがあれば教えてください）

3. I'm looking forward to finding out about _____ they won or not.
　（彼らが勝ったかどうかがわかるのが楽しみです）

ANSWERS

1. **Whether** 解説 選択肢の含みがある節を導く際はwhetherを用いる。 2. **if** 解説 話者は相手が何か必要なものがあるときのみ知らせてほしいので、whetherではなくifにする。 3. **whether** 解説 前置詞のあとにはwhetherを置く。

UNIT 5-10

I'm sorry ... で謝るのは「今からのこと」か「過去のこと」かでto、for、that ... の使い分けを!

日本人の混乱度

例文で間違いさがし!

*友人2人の会話に入ろうとして

1. ✕　I'm <u>sorry that I interrupt</u> you, but ...
2. △　I'm <u>sorry for interrupting</u> you, but ...
3. ○　I'm <u>sorry to interrupt</u> you, but ... （話のじゃましてごめんね…）

*うっかり友人の足を踏んでしまって

4. ✕　I'm <u>sorry to step</u> on your foot.
5. ○　I'm <u>sorry for stepping</u> on your foot. （足を踏んでしまってごめん）
6. ○　I'm <u>sorry (that) I stepped</u> on your foot. （足を踏んでしまってごめん）

*元彼／彼女にこれまでしてきたことを謝って

7. ○　I'm <u>sorry to have hurt</u> you. （あなたを傷つけてしまってごめんなさい）
8. ○　I'm <u>sorry for all the pain</u> I have caused you.
　　（あなたに与えた痛みすべてに謝ります）
9. ○　I'm <u>sorry (that) I hurt</u> you. （あなたを傷つけてごめんなさい）

　　今回は「謝罪」のときの表現I'm sorry ... を取り上げます。I'm sorry to ... 、I'm sorry for ... 、I'm sorry (that) ... とバリエーションがありますが、使うべき「時」によって用法に違いがあり、細かなミス多発地帯でもあります。ここでしっかりおさらいしましょう。

　1、2&3　I'm sorry to ... は、これからまさに携わろうとする動作に対して謝罪する際によく使われます（例文3）。I hate to ... （〜したくはないのですが）とほぼ同義といえます（次の例参照）。

○　I'm <u>sorry to disturb</u> you, but ... （おじゃましてすみませんが…）＊= I hate to disturb you, but ...
　　例文2のように、I'm sorry for 〜ingとすることもできますが、forのあとは動名詞（-ing）よりも別の名詞を置く方がふつうです。

○　I'm so sorry <u>for your loss</u>. （お悔やみ申し上げます）＊お悔やみ状での決まり文句

　4、5&6　過去に起こったこと（たった今起こったことでも）を謝るときは、I'm sorry (that) ... が一般に使われます。例文5のようにI'm sorry for 〜ingも可能で、次のように動名

詞（-ing）を別の名詞にしてもOKです。

○ **I'm sorry <u>for my carelessness</u>.**（うっかりしていて、すみません）

`7、8&9` 例文7のように、過去のことを謝罪する際、I'm sorry toのあとに現在完了形（have hurt）を続けることもあります。例文8では、I'm sorry forのあとに動名詞ではない名詞（all the pain）を置いていますね。また、I'm sorry (that) ... は、例文9のように過去のことの他にも現在の状況（動作ではなく）について謝る際にも用いられます（次の例参照）。

○ **I'm sorry (that) <u>you are in pain</u>.**（あなたが苦しんでいて申し訳なく思います）

> 「I'm sorry to ＋原形動詞」は一般に、今まさに行おうとする動作に対して謝罪するのに用いられます。一方「I'm sorry to ＋現在完了形」は過去に起こったことを謝るのに使われます。I'm sorry for ... は名詞をあとにとり、これから行おうとする動作および過去の行為の謝罪に使用可能です。I'm sorry (that) ... は過去の行動、または現在の状況への謝罪に有効です。

QUESTIONS

次の文を正しい文にしましょう。

1. **I'm sorry that I bother you, but could you help me with something?**
   （お手数をおかけしてすみませんが、ちょっと手伝っていただけませんか）

2. **I'm sorry to ignore you in the past.**（昔あなたを無視してごめんなさい）

3. **I'm sorry to forget your birthday yesterday.**
   （昨日はあなたの誕生日を忘れてしまってごめんなさい）

ANSWERS

1. I'm sorry to bother you, but could you help me with something? 解説 I'm sorry for bothering you ... も可だが、解答例の方がより一般的。**2.** I'm sorry to have ignored you in the past. / I'm sorry (that) I ignored you in the past. / I'm sorry for ignoring you in the past. 解説 I'm sorry to have ... 、I'm sorry (that) ... 、I'm sorry for ... のいずれも可。**3.** I'm sorry to have forgotten your birthday yesterday. / I'm sorry (that) I forgot your birthday yesterday. / I'm sorry for forgetting your birthday yesterday. 解説 I'm sorry to have ... 、I'm sorry (that) ... 、I'm sorry for ... のいずれも可。

UNIT 5-11　「〜のように」を表すlike、as、as if/as thoughは、その働きが前置詞か接続詞かで区別しよう!

日本人の混乱度

例文で間違いさがし!

1. ✕　The little boy, <u>as</u> his mother, has blonde hair.
2. ○　The little boy, <u>like</u> his mother, has blonde hair.
   （その小さな男の子は母親のように金髪だ）
3. ○　The little boy has blonde hair, <u>as does</u> his mother.
   （その小さな男の子は母親がそうであるように金髪だ）
4. ○　The little boy's hair is <u>as</u> blonde <u>as</u> his mother's.
   （その小さな男の子の髪は母親のものと同じくらい金髪だ）

5. ○　<u>As</u> your teacher, I'll help you with pronunciation.
   （あなたの先生として、発音のお手伝いをしましょう）　※話し手は聞き手の先生
6. ○　<u>Like</u> your teacher, I'll help you with pronunciation.
   （あなたの先生のように、発音のお手伝いをしましょう）
   ※話し手は聞き手の先生ではないが、先生と同じように振る舞う

7. △　He sang <u>like</u> his life depended on it.
8. ○　He sang <u>as if</u> his life depended on it.
   （彼はまるで人生がかかっているかのように歌った）

　「〜のように」という意味で使われるlike、as、as if/as thoughは使い分けが微妙な語句でありますね。likeとasの区別があいまいな上に、as if/as thoughの代わりにlikeを使いすぎる人もけっこういます。この機会にクリアにしましょう。

> 1、2、3&4　asが「〜と同じく」という意味で使われるときは通常、例文3のように接続詞であり、主語と動詞があとに続きます。この際、動詞がdoや他の助動詞の場合はasのあとの語順に倒置が起こるのが一般的です。次の例を見てください。

○　You should watch what you eat, <u>as should I</u>.
　（あなたは私のように食べるものに気をつけるべきだ）
　※= You should watch what you eat, <u>the same way</u> I should.

注：口語ではlikeをasの意味の接続詞として使うネイティブもいます（The little boy has blonde hair, <u>like</u> his mother does.）。

　asはまた次のように、あとに前置詞を続けることも可能です。

○ **As in** Tokyo, the cost of living is high here.（東京と同じように、ここの生活費は高い）

＊= ~~The same way~~ the cost of living is high in Tokyo, it is high here.

　なおasは、例文4のように「as＋形容詞＋as＋名詞」（〜と同じくらい…）の形でもよく使われます。likeは例文2のようにふつうは前置詞です。

5 & 6　前置詞としてのasは例文5のように、たいてい「〜として」という意味になります。例文6のlikeとの意味に違いにご注意を。

7 & 8　口語ではlikeがas if/as thoughの意味の接続詞として使われることがよくあります。この用法は多くの辞書で認められているとはいえ、フォーマルな書き言葉ではas if/as thoughが好まれます。

　as ifとas thoughはたいてい互換がききますが、as ifの方がより一般的でしょう。また、as if/as though節の時制が主節の時制よりも前（過去）になっているときは、同節の真実味が薄いことを表します（次の例参照）。

○ The dog acts **as if** he's hungry.（その犬はお腹がすいているようにしている）

＊犬はその行動からおそらく空腹である

○ The dog acts **as if** he were hungry.（その犬はあたかもお腹がすいているようにしている）

＊おそらく食べたばかりか何かで空腹ではないが、空腹のように振る舞っている

> 　「〜のように」の意味のlikeはふつう前置詞ですが、口語ではasまたはas if/as thoughを意味する接続詞になります。asは「〜と同じく」といった意味の接続詞で、「as＋形容詞＋as＋名詞」というフレーズもつくります。as if/as thoughは接続詞として用いられ、as if/as thoughが導く節の真実味が薄い場合は同節の動詞の時制を主節の動詞よりも前（過去）にしましょう。

QUESTIONS

like、as、as ifのいずれかを使って空所を埋めましょう。

1. The new kid in school is trying to act more ＿＿＿＿＿ the other kids.
（その転入生は他の子どもたちのように、より振る舞おうとしている）

2. The new kid in school is trying to do everything ＿＿＿＿＿ the other kids do things.
（その転入生は他の子どもたちがするのと同じように何でもやろうとしている）

3. The new kid in school acts ＿＿＿＿＿ he'd been here all along.
（その転入生はずっとここにいたかのように振る舞っている）

ANSWERS

1. like 解説 前置詞としてlikeを使う。2. as/like 解説 「〜と同じく」を意味する接続詞asまたはlikeを用いる。3. as if/like 解説 「ずっとここにいた」のは真実ではないので、as ifのあとは過去完了形。likeはインフォーマルな場面で使うこともある。

UNIT 5-12　「時間の経過」にまつわる前置詞for、since、fromは「期間」や「起点」などを見極めて

日本人の混乱度

例文で間違いさがし！

1. ✕　The vampire has loved the girl <u>since</u> one thousand years.
2. ◯　The vampire has loved the girl <u>for</u> one thousand years.
（吸血鬼は千年の間その少女を愛し続けている）

3. ◯　The vampire has loved the girl <u>since</u> the Middle Ages.
（吸血鬼は中世以来その少女を愛し続けている）

4. ✕　I have been waiting in line at the bank <u>from</u> 10 o'clock this morning.
5. ◯　I have been waiting in line at the bank <u>since</u> 10 o'clock this morning.（私は今朝の10時からずっと銀行の列に並んで待っている）

6. ✕　The meeting room is available <u>since</u> 12 o'clock.
7. ◯　The meeting room is available <u>from</u> 12 o'clock.
（会議室は12時から利用可能です）

　「時間」の経過などを述べるときによく必要なfor、since、from。中学校以来おなじみの単語なので、使い方を油断している人もいるのではないでしょうか。意味だけで理解していると、「期間」や「起点」「継続」など用途による使い分けをミスるので、ここでしっかりおさらいしましょう。

1、2&3　forは例文2のように特定の「期間」（one thousand years）を示すのに使われ、sinceは現在も継続している動作の「起点」（the Middle Ages）を示すのに用いられます（例文3）。例文1を正しい文にするには、agoを加えて次のようにすればOKです。

◯　The vampire has loved the girl <u>since one thousand years ago</u>.
（吸血鬼は千年前からその少女を愛し続けている）

＊one thousand years ago（千年前）が現在も続いている動作の起点

4&5　fromとsinceは両方とも動作の「起点」を示すのに使われます。ですが、完了形（have been waiting）の文で使われるのはsinceのみです。また、fromやforと違い、sinceは次のように接続詞としても使用可能です。

◯　I have been waiting in line <u>since I arrived here</u> at 10 o'clock this morning.

（私は今朝10時にここに着いてからずっと列に並んで待っている）

6&7 fromはまた、未来や定期的に起こる動作（特に状態）について述べる際に使うことができます（例文7）。次の例も見てください。

○ The store will be open <u>from</u> 10 o'clock in the morning.

（店は午前10時から開いています）✕ since 10 o'clock in the morning

○ The store is open <u>from</u> 10 to 7 every day.

（店は毎日10時から7時まで開いています）✕ since 10 to 7

次の例でsinceとの使い方を比較しましょう。

○ We've been driving to Osaka <u>since</u> early this morning.

（私たちは今朝早くからずっと大阪へ車を走らせている）✕ from early this morning

for は特定の「期間」を示すのに使われ、since は特に完了形の文において現在も継続している動作の「起点」を示すのに用いられます。from は、すでに始まっていて現在も継続している動作の「起点」を示すのには使われません。

QUESTIONS for、since、from のいずれかを使って空所を埋めましょう。

1. Mandy has been working at the company _____ more than ten years.
   （マンディは10年以上の間、その会社で働き続けている）

2. Mandy has been working at the company _____ before I joined.
   （マンディは私が入社する前からずっとその会社で働いている）

3. Mandy works _____ Monday to Friday with weekends off.
   （マンディは週末は休んで月曜から金曜まで働いている）

ANSWERS **1. for** 解説 more than ten yearsは特定の「期間」なのでforを用いる。**2. since** 解説 before I joined は現在も継続している動作の「起点」なので、sinceが適切。**3. from** 解説 定期的な動作の「起点」を示すにはfromを使う。

UNIT
5-13

「時」を示す前置詞in、on、atは
扱う時間幅の広さによって使い分けよう!

日本人の混乱度

例文で間違いさがし!

1. ✕ Let's meet for breakfast <u>on</u> tomorrow morning.
2. ○ Let's meet for breakfast tomorrow morning. （明日の朝、朝食で会おう）
3. ○ Let's meet for breakfast <u>in</u> the morning tomorrow.
（明日の朝、朝食で会おう）

4. ✕ We'll hold the meeting <u>at</u> Friday.
5. ○ We'll hold the meeting <u>on</u> Friday. （私たちは金曜日に会議を開きます）
6. ○ We'll hold the meeting <u>at</u> 5 o'clock <u>on</u> Friday.
（私たちは金曜日の5時に会議を開きます）

7. ✕ I often eat dinner late <u>in</u> night.
8. ○ I often eat dinner late <u>at</u> night. （私はよく夜遅くに夕食を食べる）
9. ○ I often eat dinner early <u>in</u> the evening. （私はよく夕方早くに夕食を食べる）

　「月曜の朝に」「4月の初めに」などと言いたいとき、どの前置詞を使えばいいか迷うことはありませんか。「時」を示す前置詞in、on、atは、多くの日本人がだいたいの使い分けはわかっているのだけれど、それでもモヤモヤした感じが抜け切れないカテゴリーではないかと思います。区別のポイントを見ていきましょう。

1、2&3 「午前中に」「午後に」「夕方に」はそれぞれin the morning、in the afternoon、in the eveningと、inを使って表します。「月」「季節」「年」「10年間（decade）」といった「時のひとかたまり」にもinが用いられます。次の例を見てください。

○ I get hay fever <u>in</u> spring. （私は春に花粉症になる）
○ My daughter was born <u>in</u> 2012. （私の娘は2012年に生まれた）

　しかしながら、morningやafternoonなどの「時のひとかたまり」の前にtomorrowやthisが置かれた場合、例文2や次の例のように、前置詞は不要です。

○ Let's go <u>tomorrow afternoon</u>. （明日の午後に行こう）
○ Let's travel <u>this summer</u>. （今年の夏に旅行に行こう）

　なお、言うまでもありませんが、単独のtodayやtomorrowに前置詞はつきません。

4、5&6 onは一般に「週の曜日」（on Friday）、「特別な場合」（on her birthdayなど）、「特定の日」（on January 25th、on the 25th of Januaryなど）に対して用いられます。ただし次のように、曜日の前では省略されるときもあります。

○ **Let's meet Friday morning.**（金曜の朝に会おう）

　一方、atは「特定の時点」（at 5 o'clock、at noonなど）や「特別な祝祭」（at Christmasなど）にふつう用いられます。なお、Christmasの他にon Christmasも使われますが、at Christmasは一般にクリスマスの時期全般を指し、on Christmasは通常クリスマスの日そのものを指します。

○ **My family usually eats turkey <u>at Christmas</u>.**（私の家族はふだんクリスマスに七面鳥を食べる）

○ **<u>On Christmas Day</u> we'll have dinner at my grandparents' house.**
（クリスマスの日に私たちは祖父母の家でディナーを食べる）

7、8&9 nightは「特定の時点」と考えられるので、in nightではなくat nightというのがふつうです（例文8）。「特定の夜の時間」を指すときはduring the nightともよく言われます（次の例参照）。

○ **I had several bad dreams <u>during the night</u>.**（私は夜中に悪い夢をいくつか見た）

　また、前に曜日がくる際はonを使うか、または前置詞なしにしましょう（例：○ Let's meet <u>on</u> Friday night. / Let's meet Friday night.）。

　　「時のひとかたまり」については一般にinが、「週の曜日」「特定の日」「特別な場合」などにはonが、「特定の時点」や「特別な祝祭」には主にatが用いられます。nightは「特定の時点」と考えられるので、ふつうatが前に置かれます。todayやtomorrow、thisの前に前置詞は不要です。

QUESTIONS

in、on、atのいずれかを使って空所を埋めましょう。何も必要ないときは×を記入しましょう。

1. **Would you like to meet _____ tomorrow morning?**（明日の朝に会いませんか）
2. **Would you like to meet _____ the morning _____ Friday?**
（金曜日の朝に会いませんか）
3. **Kay's class usually eats lunch _____ 11:45.**
（ケイのクラスはふだん11時45分に昼食を食べる）

ANSWERS

1. × 解説 tomorrowの前に前置詞は不要。 2. in、on 解説 「時間のひとかたまり」（the morning）にはinを、「週の曜日」にはonを使う。 3. at 解説 「特定の時点」にはatを。

betweenとamongは、「数」よりも互いの関係性を重視するかどうかで使い分けを!

日本人の混乱度

例文で間違いさがし!

1. ✕　<u>Between</u> you and <u>I</u>, I find Daiki a bit annoying.
2. ◯　<u>Between</u> you and <u>me</u>, I find Daiki a bit annoying.
 （ここだけの話、ダイキはちょっとウザいと思う）
3. ✕　<u>Among</u> you and <u>me</u>, I find Daiki a bit annoying.

4. ✕　Ava rarely feels comfortable <u>between</u> her classmates.
5. ◯　Ava rarely feels comfortable <u>among</u> her classmates.
 （エバはクラスメートの中にいるとめったに気が休まらない）

6. ◯　Instruction in active listening improved communication <u>between</u> the classmates.
 （アクティブリスニングの指導によってクラスメート間のコミュニケーションが改善された）

7. ✕　I'm struggling to find peace <u>between</u> the chaos that surrounds me.
8. ◯　I'm struggling to find peace <u>among</u> the chaos that surrounds me. （周囲が混沌とする中、私は必死に安らぎを見いだそうとしている）

　日本語で「〜の間で」とよく訳されるbetweenとamong。多くの人は、betweenは「2人または2つ」のときに、amongは「3人または3つ以上」のときに使うと覚えているのでないでしょうか。でも事はそう単純ではないのです!　実は「数」にかかわらず、互いの関係性などが使い分けのポイントになるケースが多いのですよ。

[1、2&3]　まず基本的にbetweenは、可算名詞どうしの1対1の関係を強調する際に使われます。例文2のbetween you and meは何らかの「秘密」を明かすときに会話でよく用いられる表現ですが、これをネイティブでもbetween you and Iと誤る人がけっこういるのです。You and I get along well.（君と僕は仲よくやっている）のように、you and Iを複数主語としてセットで使う人が多いせいかもしませんが、betweenはあくまで前置詞で、現行の文法ルールでは前置詞は代名詞の目的格（me）をとる必要があります。
　また、例文3のように、1対1の関係が重視されるときにamongを使うのは避けましょう。

4、5&6 一方、amongは「〜のただ中で」の意味で、集団・集合体の中の個々の関係性よりも全体にわたる分布性を強調するときに使われます（例文5）。次の例も見てください。

○ **Among all the problems** I have, getting locked out of my house feels pretty trivial.
（自分が抱えているすべての問題の中では、家から閉め出されたことなど何てことない気がする）

○ There is **dissatisfaction among the employees** over changes at the company cafeteria. （社員食堂の改装については従業員の間で不満がある）

ただし、このような3人または3つ以上の集団・集合体であっても、1対1の関係に焦点を当てたいときは、例文6や次の例のようにbetweenを使うことが可能です。

○ Sometimes we hear **fights between street cats**.
（ときどき野良猫どうしのけんかが聞こえてくる）

○ **Negotiations between EU member states** will continue for the next few weeks.
（EU加盟国間の交渉は今後数週間続くだろう）

7&8 amongはまた、例文8のように不可算名詞（chaos）をあとに続けることもできます。

○ Sometimes it's difficult to hear the voice of reason **among all the noise**.
（騒音がやかましくては時に理性の声を聞くことは難しい）

betweenは「数」に関わりなく可算名詞どうしの1対1の関係を強調するのに使われます。amongは個々の関係性よりも集団・集合体全体にわたる分布性に関してよく用いられます。両者とも代名詞をあとに置く際は目的格にしましょう。amongのあとには不可算名詞がくることもあります。

betweenまたはamongを使って空所を埋めましょう。

1. _____ Ozzy and Mac, who is taller?
（オジーとマックではどちらが背が高いですか）

2. Today Mt. Fuji is hidden _____ the clouds.
（今日、富士山は雲の間に隠れている）

3. _____ the many things I'm supposed to be doing right now, this task feels like the least of my concerns.
（今やらなきゃならない多くのことの中で、この仕事はいちばん関心の薄いもののようだ）

1. **Between** 解説 1対1の関係を扱う際はbetweenを用いる。2. **among** 解説 「〜のただ中に」の意味ではamongを使う。3. **Among** 解説 「やらなくてはならない多くのこと」という集合体全体にわたる分布性についてはamongを用いる。

UNIT 5-15

howeverやthereforeは接続詞ではなく「副詞」として前後の句読点をつけよう!

日本人の混乱度

例文で間違いさがし!

1. ✕　Lea wants to attend university, <u>however</u> her parents think she should get a job.

2. ○　Lea wants to attend university<u>; however</u>, her parents think she should get a job.
（リアは大学に通いたいと思っているけれども、両親は就職すべきだと思っている）

3. ○　Lea wants to attend university<u>. However</u>, her parents think she should get a job.
（リアは大学に通いたいと思っている。しかしながら、両親は就職すべきだと思っている）

4. ✕　Our regular doctor doesn't see patients on the weekends<u>, therefore</u> we went to another clinic.

5. ○　Our regular doctor doesn't see patients on the weekends<u>. Therefore</u>, we went to another clinic.
（私たちのかかりつけ医は週末に患者を診ない。従って、私たちは別の医院へ行った）

6. ○　Our regular doctor doesn't see patients on the weekends. <u>We therefore</u> went to another clinic.
（私たちのかかりつけ医は週末に患者を診ない。だから私たちは別の医院へ行った）

7. ✕　Our regular doctor doesn't see patients on the weekends<u>, otherwise</u> we would have gone to him.

8. ○　Our regular doctor doesn't see patients on the weekends<u>; otherwise</u>, we would have gone to him.
（私たちのかかりつけ医は週末に患者を診ない。そうでなければ、私たちは彼のところへ行ったのだが）

　howeverやthereforeなど接続詞の働きをする副詞、いわゆる「接続副詞」。皆さん意味はわかっているのですが、使い方にミスの多いジャンルです。これらはあくまで「副詞」なので、特に接続詞のような句読点のつけ方はしないよう注意しましょう。

　1、2 & 3 　例文1に関しては、接続副詞howeverを等位接続詞のbutに置き換えれば、正しい文になります。

　howeverは副詞なので、そのあとは新たな文を始めるか（例文3）、2つの独立節が

セミコロン（;）でつながれなければなりません（例文2）。または次のように、主語（parents）のあとにhoweverを置き、コンマで仕切る必要があるのです。

○ Her parents, <u>however</u>, think she should get a job.
（両親はしかしながら、就職すべきだと思っている）

4、5&6 例文4は接続副詞thereforeを等位接続詞のsoに置き換えれば、正しい文になります。however同様、thereforeもそのあとに新たな文を始めるか（例文5）、次のように2つの独立節がセミコロンでつながれなければなりません。

○ Our regular doctor doesn't see patients on the weekends; <u>therefore</u>, we went to another clinic.（私たちのかかりつけ医は週末に患者を診ない。だから私たちは別の医院へ行った）
例文6のように、主語（we）と動詞（went）の間にthereforeを置くことも可能です。この場合、howeverのようにコンマで仕切る必要はありません。

7&8 otherwiseもまた接続副詞なので、howeverやthereforeと同じく、セミコロンで2つの独立節を分けるか、新たな文を始める必要があります。接続副詞（句）には他にconsequently、finally、furthermore、in addition、likewise、moreover、nevertheless、similarly などがあります。

> 接続副詞は接続詞ではなく、あくまで「副詞」です。そのあとで新たな文を始めるか、セミコロンを前に置いてコンマで仕切る必要があります。主語のあとに置かれることも時折あります。

QUESTIONS

次の文を正しい文にしましょう。
1. Henry hates his job, nevertheless he refuses to quit.
（ヘンリーは自分の仕事が嫌いだが、それでも辞めるのは拒んでいる）
2. We consider safety our first priority, consequently all of our employees take ten paid days of safety training every year.（私たちは安全を第一に考えているので、その結果すべての従業員は毎年10日間有給の安全講習を受けている）
3. Zoe has spring vacation in March, however she doesn't want to travel.
（ゾーイは3月に春休みを取っているけれども、旅行をしたいとは思っていない）

ANSWERS

1. Henry hates his job; nevertheless, he refuses to quit. / Henry hates his job. Nevertheless, he refuses to quit. / Henry hates his job. He nevertheless refuses to quit. 解説 neverthelessは接続詞ではなく副詞。 2. We consider safety our first priority; consequently, ... / We consider safety our first priority. Consequently, ... / We consider safety our first priority, and consequently ... 解説 consequentlyは接続詞ではなく副詞で、接続詞andが前にくることもある。 3. Zoe has spring vacation in March; however, ... / Zoe has spring vacation in March. However, ... 解説 howeverも接続詞ではなく副詞。

UNIT 5-16

shouldやnot only、littleなどを文頭に置く「倒置文」は疑問文をつくる要領で覚えよう!

日本人の混乱度

例文で間違いさがし!

1. ✕ Should Mike <u>decides</u> to join us, he'll need to wear a suit.
2. ◯ Should Mike <u>decide</u> to join us, he'll need to wear a suit.
   （もしマイクがわが社に入ると決めたなら、スーツを着る必要があるだろう）

3. ✕ Not only <u>we did</u> forget to bring an umbrella, we also left our wallets at home.
4. ◯ Not only <u>did we</u> forget to bring an umbrella, we also left our wallets at home.
   （私たちは傘を持ってくるのを忘れただけでなく、財布も家に忘れてきた）

5. ✕ <u>Little I understand</u> the situation.
6. ◯ <u>Little do I understand</u> the situation. （私は状況がほとんど理解できていない）

　ネイティブは意味を強調したりするために「倒置文」をときどき使いますが、日本人で使いこなしている人は多くないですね。実際、少しややこしいので避けて通ろうとしている人もチラホラ。でも、ぜひトライしてみましょう。キーワードは「疑問文」です。

　1&2 例文2のように、条件節のifをshouldに置き換えることがあります。もしifを使えばIf Mike <u>should decide</u> to join us, ... のようになるでしょう。
　shouldを倒置文で使う場合、その節の動詞が原形になって主語の数・人称に一致しないことに注意してください（考え方としては、全体的に疑問文のような形になるということ）。なお、次のようにhadを使って倒置をすることも可能です。
◯ **Had Mike joined us, he'd have worn a suit.** （もしマイクがわが社に入っていたら、スーツを着ていただろう）　＊ ＝If Mike <u>had</u> joined us, he'd have worn a suit.

　3&4 例文4のようにnot only や、only after（〜して初めて）、only then（そのときになってようやく）、only when（〜になって初めて）などは倒置文の冒頭によく置かれる語句です。次の例も見てください。
◯ <u>Only after</u> I saw Gracie out with Bill <u>did I understand</u> why Gracie left me.
　（グレイシーがビルと出かけているのを見て初めて、私はなぜグレイシーが私と別れたのかを理解した）

5 & 6 ここでのlittleやseldom、rarely、neverなど「希少性」を示す語、「〜するとすぐに」という意味を表すno sooner、barely、scarcelyなども倒置文でよく使われます（次の例参照）。

○ <u>Seldom</u> do I meet such interesting and intelligent people as Carl.
（カールのように面白くて賢い人にはめったに会うことがない）

○ <u>No sooner</u> had the cat come into the room than the mouse ran into the mousehole.
（ネコが部屋に入ってくるやいなや、ネズミはネズミ穴に逃げ込んだ）

また、「Such＋be動詞＋名詞」「So＋形容詞＋be動詞＋名詞」という倒置構文も可能です。

○ <u>Such is life</u>! (C'est la vie.)（世の中はそんなもんさ、しょうがないよ）＊ = Life is such.

○ <u>So tired were all the children</u> that they fell asleep in their clothes.（子どもたちは皆とても疲れていたので服のまま眠ってしまった）＊ = All the children were so tired that …

倒置文は正しく使えば、フォーマルな書き言葉や話し言葉に彩りを加えます。Should … や Had … は if 節の代わりとして使用可能です。only のバリエーションである Not only … や Only then … も一般的です。never などで始まる倒置文は「希少性」を示すのに用いられ、no sooner などで始まる倒置文は「〜するとすぐに」という意味を表します。「Such＋be動詞＋名詞」「So＋形容詞＋be動詞＋名詞」も倒置文の冒頭によく置かれます。

QUESTIONS

次の文を倒置文にしましょう。

1. The situation at the company is so bad that half of the employees walked out today.
（会社の状況が非常に悪いので、従業員の半数が本日退社した）

2. There has never been a day as wonderful as today.
（今日ほど素晴らしい日はこれまでなかった）

3. If Harris quits before December, he'll miss out on the bonus.
（ハリスはもし12月以前に退社すれば、ボーナスをもらい損なうだろう）

ANSWERS

1. So bad is the situation at the company that half of the employees walked out today. 解説 「So＋形容詞＋be動詞＋名詞」の倒置構文。 2. Never has there been a day as wonderful as today. 解説 状況の「希少性」を強調するように倒置する。 3. Should Harris quit before December, he'll miss out on the bonus. 解説 条件節のifをshouldに替える。quitsがquitになることに注意。

UNIT 5-17　made of、made from、made withなどは素材が本質を留めているかが使い分けの基本

例文で間違いさがし！

1. ✕ Typically, *okonomiyaki* is <u>made of</u> flour, eggs, cabbage, and some kind of protein.
2. ○ Typically, *okonomiyaki* is <u>made with</u> flour, eggs, cabbage, and some kind of protein.

（一般的にお好み焼きは小麦粉、卵、キャベツ、ある種のタンパク質を混ぜて作られる）

3. ✕ *Shochu* is <u>made of</u> many different ingredients, including sweet potatoes and sugar.
4. ○ *Shochu* is <u>made from</u> many different ingredients, including sweet potatoes and sugar.

（焼酎はサツマイモや砂糖など多くのさまざまな原料から出来ている）

5. ✕ The children <u>made</u> vases <u>of</u> plastic bottles.
6. ○ The children <u>made</u> vases <u>out of</u> plastic bottles.

（子どもたちはペットボトルから花瓶を作った）

　made of ～、made from ～、made with ～、made out of ～は日本語ではざっくりと「～から作られた」とよく訳されますが、英語では素材などによって使い分ける必要があります。特に何でも made of 一点張りでいこうとする日本人は多いので、ここで違いをマスターしましょう。

1&2 made of ～は次のように、基本的な材料を述べる際に使われます。

○ Most children's toys are <u>made of</u> plastic.

（大半の子どものおもちゃはプラスチックで出来ている）

　例えば料理をするときのように、何らかの材料を混ぜ合わせて、それらが基本的な個々の特質を保っている場合は一般にmade with ～が用いられます（例文2）。

　made with ～はまた「～を使って…を作る」といった意味の肯定文で使用することも可能です。

○ I'll <u>make</u> dinner <u>with</u> whatever I have in the kitchen already.

（すでに台所にあるものを何でも使って夕食を作ろう）

3&4 基本的な原料や材料が本質的に変化するときは（例えば、アルコール飲料のように製造されたり発酵させられたりする場合）、例文4のようにmade from 〜を使うのがふつうです。ただし、何を強調するかによってmade of 〜とmade from 〜の両方が可能な場合もあります。

○ These noodles are <u>made of</u> cauliflower.（この麺はカリフラワーで出来ている）

＊カリフラワーの基本的な特質を強調

○ These noodles are <u>made from</u> cauliflower.（この麺はカリフラワーから作られている）

＊麺の製造過程におけるカリフラワーの本質的な変化を強調

5&6 例文6のように、ある物体（plastic bottles）をまったく異なる物体（vases）に変えるときは一般にmake 〜 out of ... を用います。次の例もご参照を。

○ Some partygoers came in costumes <u>made out of</u> cardboard boxes.

（段ボール箱で作った衣装を着て来たパーティー参加者もいた）

○ Louise <u>makes</u> dresses <u>out of</u> old pillowcases.

（ルイーズは古い枕カバーからドレスを作っている）

> made of 〜は基本的な材料を述べるときに使われ、made from 〜は基本的な材料が何らかの方法で製造されたり変化したりした際に用いられます。made with 〜は料理のときなどによく使われ、原材料が本質的に変わらない程度に混ぜ合わされることを表します。made out of 〜は物体が新たな別の物体に変化する際に用いられます。

QUESTIONS

made of、made from、made with、made out ofのいずれかを使って、空所を埋めましょう。

1. **Lasagna is typically _____ noodles, cheese, tomato sauce, and meat, but I substituted tofu and other vegetables for the meat.**

   （ラザニアは一般的にパスタ、チーズ、トマトソース、肉を混ぜて作られるが、私は豆腐や野菜を肉の代わりにした）

2. **The lipstick you're wearing was probably _____ petroleum.**

   （あなたのつけている口紅はおそらく石油から作られた）

3. **We looked online to find crafts _____ milk cartons.**

   （私たちは牛乳パックから作られた工芸品を探そうとネット検索した）

ANSWERS

1. **made with** 解説 ラザニアの材料は混ぜ合わせられるが、個々の基本的な特質は保たれている。
2. **made from** 解説 石油は化粧品を作る過程で変化する。 3. **made out of** 解説 牛乳パックが他の物体（crafts）に変化している。

UNIT 5-18

as well asは前にくる語が重要で、in addition toのあとは名詞!　tooとalsoは副詞ととらえて!

日本人の混乱度

例文で間違いさがし!

1. ✕　Jamie, <u>as well as</u> her boyfriend, often <u>get</u> in trouble.
2. ○　Jamie, <u>as well as</u> her boyfriend, often <u>gets</u> in trouble.
（彼氏だけでなくジェイミーもよくトラブルに巻き込まれる）

3. ✕　Jamie, <u>also</u> her boyfriend, often get in trouble.
4. ○　Jamie <u>and also</u> her boyfriend often get in trouble.
（ジェイミーと彼氏もまたよくトラブルに巻き込まれる）

5. ✕　<u>In addition to</u> the top of her class, Lindsey is also a star basketball player.
6. ○　<u>In addition to</u> being in the top of her class, Lindsey is also a star basketball player.
（クラスのトップであることに加え、リンジーはバスケットボールのスター選手でもある）

　tooとalsoの用法の違いってわかりますか。初歩的な単語ですが、使い方が今一つはまっていない人が見受けられますね。それと「〜だけでなく、〜に加えて」を表すas well asとin addition to。こちらは特に、主語と動詞の一致や目的語をミスるケースが目立ちます。これらを一気に解決しましょう。

1&2 この文の主語で重点が置かれる語はJamieなので、動詞は、Jamie and her boyfriendではなくJamieの数・人称に一致させてgetsとする必要があります。as well asはまた、次のように述部に使われることもあります。

○　Jamie is a troublemaker <u>as well as</u> a good student.（ジェイミーは良い生徒なだけでなくトラブルメーカーでもある）

3&4 alsoは接続詞ではなく副詞なので、それが2つの語（句）をつなぐ際は接続詞andを前に置かなければなりません。alsoはまた複合述語や文頭、主語のあとにくることもできます（次の例参照）。

○　We play hard but <u>also</u> work hard.（私たちはよく遊ぶが、よく働きもする）/ ○　We play hard. <u>Also</u>, we work hard.（私たちはよく遊ぶ。また、よく働く）/ ○　We play hard. We <u>also</u> work hard.（私たちはよく遊ぶ。よく働きもする）

一方、tooやas wellは接続詞でつながれた2つ目の事柄のあと、または別の文の文末にきます。

- We play hard and work hard, <u>too/as well</u>.（私たちはよく遊び、またよく働く）
- We play hard. We work hard, <u>too/as well</u>.（私たちはよく遊ぶ。よく働きもする）

5&6 in addition toのあとの目的語は名詞（例文6では動名詞being）です。例文6ではbeing in the top of her classが述語（is a star ...）と対称になっている点に注目してください。in addition toのあとに純粋な名詞がくる例も見てみましょう。

- In addition to <u>one-on-one lessons</u>, Ms. Smith offers <u>group lessons</u>.
  （1対1のレッスンの他に、スミス先生はグループレッスンを提供している）

ここではone-on-one lessonsが動詞offersの目的語（group lessons）と対称になるわけです。in addition toの目的語はまた、主語と対称になることもできます。

- In addition to <u>Jamie</u>, <u>several other students</u> are causing problems at school.
  （ジェイミーの他に、何人かの別の生徒たちが学校で問題を起こしている）

ちなみに、toのつかないin addition（その上、さらに）は接続副詞として、文頭やセミコロンのあとによく置かれます。

> as well as はその前にくる語（句）よりも重要度が低い追加情報を述べる際に使います。文の主語と組み合わされる場合、as well asのあとにくる語（句）は主語の一部とは見なされません。also は副詞で、2つの語（句）の間の接続詞のあとによく置かれます。too も副詞ですが、接続詞でつながれた語（句）のあとや文末にくるのが通例です。in addition to は目的語として名詞（または動名詞）をとり、in addition は接続副詞としてhoweverなど他の接続副詞と同じ句読点のルールに従います。

次の文を正しい文にしましょう。

1. Natalie, as well as Michelle, are moving to Australia.
   （ミシェルだけでなくナタリーもオーストラリアへ引っ越す）
2. Natalie speaks English, in addition she speaks Chinese.
   （ナタリーは中国語に加え、英語を話す）
3. Mr. James teaches also writes.（ジェームス氏は先生であり作家だ）

1. Natalie, as well as Michelle, is moving to Australia. 解説 文の主語はNatalieで、Natalie and Michelleではない。 2. Natalie speaks English in addition to Chinese. / Natalie speaks English; in addition, she speaks Chinese. 解説 in additionは接続副詞で、接続詞ではない。 3. Mr. James teaches and also writes. 解説 alsoは副詞で、接続詞ではない。

疑問代名詞、
関係代名詞・副詞、
接続詞

UNIT 6-1 関係副詞where=「場所や方向を表す前置詞＋which」と覚えよう!

日本人の混乱度

例文で間違いさがし!

1. ○ **Kyoto, <u>which</u> I visited last year, was once the capital of Japan.**
   （私が昨年訪れた京都はかつて日本の都だった）

2. ✕ **Kyoto, <u>where</u> I visited last year, was once the capital of Japan.**

3. ○ **This is the hospital <u>at which</u> Mary was born.**
4. ○ **This is the hospital <u>where</u> Mary was born.**
   （これはメアリーが生まれた病院だ）

5. ○ **Describe a situation <u>where</u> you demonstrated courage.**
6. ○ **Describe a situation <u>in which</u> you demonstrated courage.**
   （あなたが勇気を発揮した場面を説明してください）

多くの日本人は、「場所」を表す形容詞節にはwhereを自動的に使ってしまうようです。でも、whereではなくwhichが適切なときもよくあるのです。また、whereは「場所」以外の「状況」を説明するのに使われることもあります。

1 & 2 例文1ではI visited last yearという非制限節がKyotoを修飾していて、Kyotoは他動詞visitedの目的語です（完全な文でいえばI visited Kyoto last year.となります）。他動詞visitedと目的語Kyotoの間に前置詞はありませんよね。ですから、節を導くために前置詞を必要とする関係副詞whereは使えないのです。そこで、関係代名詞のwhichがvisitedの目的語Kyotoの代用となっています。

3 & 4 ここではMary was bornという節がhospitalを修飾しています（完全な文でいえばMary was born at the hospital.となります）。この場合、関係代名詞whichを使うならば、「場所」を表す前置詞atとペアにする必要があります。このatの意味が関係副詞whereには含まれているのです。例えば、which placeのように、whichが形容詞として使われる場合、whereが「前置詞＋which place」の代用になりえるということです。

なお、「場所」や「方向」を表す前置詞にはin、at、on、toがありますが、whereはfrom whichの代わりにはならないことに注意しましょう。whereの構文でfromを使う場合は、Tokyo is the city where I am from.のように配置します。この文でwhereは代名詞として機能しており、前置詞fromの目的語になります。

また、例えばFrance is the country <u>from which</u> I immigrated.（私はフランスから移民してきた）といった文では、from whichをwhereに変えるとFrance is the country where <u>(=to which)</u> I immigrated.（フランスは私が移民した先の国だ）と意味が逆になってしまうので注意が必要です。

5&6 例文5、6では、whereが「場所」ではなく「状況」の説明になっています。whereは次の例のように、「状況」を表す語句のあとでも「前置詞＋which」の代わりになるのです。

○ I'm now at the point in my life <u>where</u> I want to try something new.
（私は今、何か新しいことに挑戦したい時期にいる）＊the point in my lifeが「状況」

○ I want to work in a job <u>where</u> I can go home on time.
（私は定時で帰宅できる仕事をしたい）＊jobが「状況」

○ In the case <u>where</u> a teacher gets sick, we must be able to call on a substitute.
（教師が病気になった場合は、代理を頼まなければならない）＊caseが「状況」

> 関係副詞whereには「場所」や「状況」を表す前置詞の意味が含まれています。一方、whichは代名詞（場合によっては形容詞）です。「where＝「場所・状況」の前置詞＋which」と覚えておきましょう（ただし、前置詞fromは例外なので注意！）。

QUESTIONS

whichかwhereを使って空所を埋めましょう。

1. Carol's Diner, _____ I ate dinner last night, offers specials on Friday.
（昨夜夕食を食べたキャロルズダイナーでは、金曜日にスペシャルメニューがある）

2. Carol's Diner, _____ I pass every day on my way to school, offers specials on Friday.
（毎日通学途中で通るキャロルズダイナーでは、金曜日にスペシャルメニューがある）

3. That's the office building _____ Harris's company is located.
（あれはハリスの会社があるオフィスビルです）

ANSWERS

1. **where** 解説 whereはat Carol's Dinerという意味の代わりになり、目的語dinnerをとる動詞ateを修飾する副詞として機能する。 2. **which** 解説 whichはCarol's Dinerの代用語で、他動詞passの目的語として働く。 3. **where** 解説 whereはin the office buildingという意味の代わりになり、自動詞is locatedを修飾する副詞として機能する。

関係詞の非制限用法は付加情報ととらえて
コンマで仕切ろう!

日本人の混乱度

例文で間違いさがし!

1. ○ **Canberra, where** I went last spring vacation, is the capital of **Australia.** (私が昨年の春休みに行ったキャンベラはオーストラリアの首都だ)
2. ✕ **Canberra** where I went last spring vacation is the capital of **Australia.**

3. ○ **Jogging, which** doesn't require an expensive gym membership, is good for the heart.
   (高額なジム会費を必要としないジョギングは気軽に行える)
4. ✕ **Jogging** which doesn't require an expensive gym membership is good for the heart.
5. ○ **Exercise** that doesn't require an expensive gym membership is good for the heart.
   (高額なジム会費を必要としないエクササイズは気軽に行える)

6. ○ **Colleen has two boyfriends** who **live in the same neighborhood.** (コリーンには同じ近所に住む彼氏が2人いる)
7. ○ **Colleen has two boyfriends, who live in the same neighborhood.** (コリーンには2人の彼氏がいて、その2人は同じ近所に住んでいる)

　関係詞の制限用法と非制限用法の違い（コンマを使うべきかどうか）をしっかりと理解していない日本人も多いようですね。

1&2 例文1ではwhere I went last spring vacationが非制限用法の関係副詞節で、コンマで仕切られる必要があります。これは、すでに特定されている名詞（Canberra）について付加情報（I went there last spring vacation）を与えているからです。

3、4&5 例文3はwhich doesn't require an expensive gym membershipが非制限用法の関係代名詞節で、コンマで仕切られる必要があります。これは、すでに特定されている名詞（エクササイズの1形態であるジョギング）について付加情報（doesn't require an expensive gym membership）を与えているからです。
　一方、例文5では、that doesn't require an expensive gym membershipという節

が制限用法の関係代名詞節です。制限用法の関係代名詞節は先行する名詞（exercise）をより限定的に修飾します。thatが基本的に制限用法でのみ使われるのに対して、which、who、where、whenは制限用法、非制限用法の両方で使われることにも注意しましょう（ただし、アメリカ人の中には、制限用法ではwhichを使わないという文法ルールを支持する人もいます）。

6&7 コンマの有無で文の意味が変わる好例です。例文6はwho live in the same neighborhoodが制限用法の関係代名詞節で、名詞boyfriendsを修飾しています。これはつまり、コリーンには2人以上の彼氏がいるかもしれないけれど、少なくともその内の2人は同じ近所に住んでいるということです。

　それに対し、例文7ではwho live in the same neighborhoodが非制限用法の関係代名詞節になっており、すでに特定されている名詞（boyfriends）に付加情報を与えています。つまり、コリーンには（1人でも3人以上でもなく）まさに2人の彼氏がおり、その2人は同じ近所に住んでいるという意味になるのです。

> 　非制限用法の関係代名詞節はコンマで仕切られ、すでに特定されている名詞について付加情報を与えます。制限用法の関係代名詞節は先行する名詞をより限定的に修飾し、コンマで仕切るのはNGです。なお、関係代名詞that節は常に制限用法で使われ、やはりコンマでは仕切られません。

QUESTIONS

必要に応じて次の文にコンマを加えましょう。

1. **Harriet who was my college roommate more than twenty years ago lives in New Jersey now.**
   （20年以上前に大学のルームメイトだったハリエットは、今はニュージャージーに住んでいる）

2. **The only place where I want to be is wherever you are.**
   （私がいたいのは、あなたがいる場所だけです）

3. **Regular international flights resumed at Haneda Airport in 2010 when Terminal 3 was opened.**
   （羽田空港では、2010年に第3ターミナルがオープンし、国際線の定期便が再開された）

ANSWERS

1. **Harriet, who was my college roommate more than twenty years ago, lives in New Jersey now.** 解説 who was my college roommate more than twenty years agoという節が特定の名詞（Harriet）の付加情報になっているので非制限用法。コンマが必要。 **2.**コンマ不要 解説 where I want to beという節が先行する名詞（place）を限定しているので制限用法。コンマで仕切るのはNG。ちなみに、この文はwhereを削除してThe only place I want to be is wherever you are.としても同義。 **3. Regular international flights resumed at Haneda Airport in 2010, when Terminal 3 was opened.** 解説 when Terminal 3 was openedという節が特定の年（2010）の付加情報になっているので非制限用法。コンマが必要。

UNIT 6-3　whatは「もの・こと」に関して、howは「手段・方法、状態」に関して用いるのが基本

例文で間違いさがし!

1. ✕　**How** do you think about this?
2. ○　**What** do you think about this? （これについてどう思いますか）

3. ✕　I don't know **how** to do.
4. ○　I don't know **what** to do. （どうしていいかわからない）
5. ○　I don't know **how** to do it. （そのやり方がわからない）

6. ✕　I love **how** you've done **with** your hair!
7. ○　I love **what** you've done **with** your hair!
　　　（あなたのカットした髪、すごくいいね!）

8. ○　I love **how** you've done your hair!
　　　（あなたの髪のカットの仕方、すごくいいね!）

　whatとhowの使い方ミスの典型例が「どう思いますか」とたずねるとき、howの日本語訳につられてHow do you think?としてしまうことですね。また、whatとhowが関係代名詞・副詞として使われる際も混同がよく見られます。whatとhowの意味の根本的な違いをおさらいしましょう。

1&2 How do you feel?とWhat do you think?はよく混同が生じる疑問文です。「feel＋形容詞（happy、tiredなど）」「think＋名詞（that ... など）」の形が基本ですので、状態や気分をたずねるときはhow、考えをたずねるときは疑問代名詞whatを使うと覚えてください。

3、4&5 whatは関係代名詞として用いられるとき、「〜するもの・こと」をいう意味を表します。つまり、例文4はI don't know the thing to do.と同じ意味です。
　この文のthe thingはto不定詞の動詞（do）の目的語なので、名詞（the thingかwhat）が必要となります。それゆえhowはここでは使えないのです。
　しかしながら例文5では、代名詞itが動詞doの目的語として与えられているので、「それがされる手段・方法」を意味する副詞が必要になります。ですので、例文5ではhowの代わりにwhatを使うことはできません。

6、7&8 例文7の関係代名詞whatは動詞have doneの直接目的語です。従って同文は I love <u>the thing that</u> you've done with your hair!と書き替えることができます（the thingがhave doneの目的語）。一方、例文8ではyour hairが動詞have doneの直接目的語です。それゆえ、「髪をカットする」という動作のされる方法を関係副詞howで表しているのです。

最後に、whatは「どの」を意味する形容詞としても使われることを覚えておいてください（次の例参照）。

○ **What way should I go?**（どの道を行くべきだろう？） / ○ **Please tell me <u>what way</u> to go.**（どの道を行ったらよいか教えてください）＊whatがwayを修飾。howにはこのような用法はない

疑問文では、how は手段や方法、状態をたずねるのに使われ、what はもの・ことをたずねるのに用いられます。関係代名詞の what は「〜するもの・こと」で、関係副詞 how は手段や方法を表します。

QUESTIONS

whatかhowを使って空所を埋めましょう。

1. **Please tell me _____ you plan to do this afternoon.**
   （今日の午後あなたがする予定のことを教えてください）

2. **Please tell me _____ you plan to go to school today.**
   （今日、あなたが学校へ行く予定の方法を教えてください）

3. **_____ do you know so much about me?**
   （あなたはどうして私のことをそんなに知っているのですか）

ANSWERS

1. what 解説 「〜すること」の意味の関係代名詞whatが動詞doの目的語。**2. how** 解説 関係副詞howが「学校へ行く」方法を表している。**3. How** 解説 動詞knowの目的語はso much。話者は相手がどのような方法でそれほど多くのことを知ったのかを知りたがっている。この文と、知っている内容をたずねているWhat do you know about me?（あなたは私について何を知っているのですか）との違いに注意。

接続詞thatと代名詞whatの区別は、
それぞれの意味よりもあとに続く文に着目を!

日本人の混乱度

例文で間違いさがし!

1. ✕ **I know <u>what</u> I like pizza.**
2. ◯ **I know <u>(that)</u> I like pizza.**（自分がピザ好きなことはわかっているよ）
3. ◯ **I know <u>what</u> I like.**（自分が好きな物はわかっているよ）

4. ✕ **Please tell me <u>what</u> I can help with something.**
5. ◯ **Please tell me <u>what</u> I can do to help.**（私が手伝えることを教えてください）

6. ✕ **I feel <u>what</u> this is the best plan.**
7. ◯ **I feel <u>(that)</u> this is the best plan.**（私はこれが最良の計画だと思う）
8. ◯ **I wonder <u>what</u> the best plan is.**（最良の計画は何だろう？）

　接続詞のthatと代名詞のwhatを区別しきれていない人もけっこういますね。日本語ではどちらも「〜こと」という訳語が入るからかもしれませんが、文の構成に着目すると見分けがはっきりとつくようになります。そのポイントを押さえましょう。

1、2&3 まず、接続詞のthatはあとには、主語・動詞・目的語を含む完全な文が続くことを頭に置いてください。例文2のI like pizzaは完全な文なので、「〜ということ」を意味する接続詞thatが適切なのです（このthatは省略されることがよくあります）。

　一方、例文3では代名詞のwhatが動詞likeの目的語になっていて、この他動詞likeのあとに目的語が置かれていません。つまりI likeだけでは不完全な文なのです。他動詞の目的語としてwhatが使われている他の例を見てみましょう。

◯ **I believe <u>what</u> she told me.**（私は彼女が私に言ったことを信じる）＊whatはtoldの目的語

◯ **I understand <u>what</u> you said.**（私はあなたが言ったことを理解しています）＊whatはsaidの目的語

　これらの文を接続詞thatを使った同様の文と比較してみましょう。thatのあとには他動詞の目的語を含む完全な文がきています。

◯ **I believe <u>(that)</u> she told me she'll be back in a few days.**
　（彼女が数日で戻ると言ったことを私は信じる）

◯ **I understand <u>(that)</u> you said you'd return tomorrow.**
　（私はあなたが明日戻ると言ったことを理解している）

4&5 例文4のwhatのあとには完全な文（I can help with something）が続いています。この文はsomethingを削除して、whatを前置詞withの目的語として用いれば、次のような正しい文になります。

○ **Please tell me <u>what</u> I can help with.**（私が手伝えることを教えてください）

　ただし、前置詞で文が終わるのはしばしばぎこちなく響くので、例文5のようにするのがベターでしょう。ここではwhatが他動詞doの目的語になっています。

6、7&8 例文7では、thatのあとに完全な文（this is the best plan）がきています。「最良の計画」が何であるかわからないときは、例文8のようにWhat is the best plan?を倒置して表せばOKです。次の例も参照してください。

○ **What is your idea? ⇒ Please tell me <u>what</u> your idea is.**
（あなたのアイデアは何か教えてください）

○ **What do you think? ⇒ Please tell me <u>what</u> you think.**
（あなたが考えていることを教えてください）

　接続詞thatが「～ということ」の意味で使われるときは、他動詞の目的語や前置詞を含む完全な文があとにくる必要があります。一方whatは「どのようなもの・こと、～するもの・こと」という意味で、不完全な文があとに続きます。

---

whatかthatを使って空所を埋めましょう。

1. **I'm not sure _____ I should do.**（私は何をすべきかわからない）
2. **I'm not sure _____ I'm doing the right thing.**
（私は自分が正しいことをしているのかわからない）
3. **I'm not sure _____ that is.**（私はそれが何かわからない）

1. what 解説 whatは動詞doの目的語。**2. that** 解説 thatは完全な文の前にくる（省略可）。**3. what** 解説 that isだけでは不完全で、whatが必要。what以下はWhat is that?の倒置になっている。

UNIT 6-5 　whatever、whichever、howeverなど -everのつく語は修飾語や目的語になる語を見極めよう!

日本人の混乱度

例文で間違いさがし!

1. ✕ **Wherever** path you choose, I will support you.
2. ○ **Whichever** path you choose, I will support you.
   （あなたがどの道を選ぼうとも、私はあなたを応援するつもりだ）
3. ○ **Whatever** you choose, I will support you.
   （あなたが何を選ぼうとも、私はあなたを応援するつもりだ）

4. ✕ I'll do **however** you want to do.
5. ○ I'll do **whatever** you want to do.
   （あなたがしたがっていることなら何でも私はするつもりだ）
6. ○ I'll do this job **however** you want me to do it.
   （あなたが私にしてもらいたいように、私はこの仕事をするつもりだ）

7. ✕ **Whatever** the cost is worth it.
8. ○ **Whatever** the cost, it is worth it.
   （費用がどれほどであっても、それだけの価値がある）
9. ○ **Whatever** you think is fine with me.
   （あなたが考えることなら何でも私は結構だ）

　主に「譲歩」の意味を表すwhatever、whichever、howeverなど-everのつく語は、使い方が少し難しいですね。「どこでも」という訳語につられてwhereverを誤って使ったり、代名詞のwhateverが適切なところに副詞howeverを置いたり、といったミスがよく見られます。

1、2&3　whereverは名詞を修飾することはできません。例文2や次の例のように、代わりにwhicheverを用いましょう。

○ I'll go to **whichever restaurant** you prefer.（あなたの好きなどのレストランでも行くよ）
　　✕ I'll go to wherever restaurant ...

　この文はrestaurantを削除して、I'll go to whichever you prefer.としても文法的にはOKです。さらに、「wherever＝前置詞（from以外）＋whichever」なので、同文は次のようにも言えます。

○ I'll go **wherever** you prefer.（好きなどんなところへも行くよ）＊wherever＝to + whichever

例文3のyou chooseは目的語を必要とするので、「何を〜しようと」を意味するwhateverが目的語になっています。同文はNo matter the thing that you choose, I will support you.と同じ意味です。

4、5&6　例文5のwhatever以下の節はyou want to doの他動詞doの目的語が抜けており、whateverがその目的語になっています。そして、whateverの導く節全体がI'll doの目的語として機能しています。対照的に例文6では、however以下の節は完全文であり、howeverが節内の動詞doを修飾しています。そして、howeverの導く節全体が主節（I'll do this job）を修飾しているのです。

7、8&9　whatever the costは文の主語にはなれません。このような「whatever/whoever＋特定の限定詞（the、your、his、herなど）＋名詞」の形はしばしば主語や文全体を修飾するのに使われます（次の例参照）。

○　**Whoever the culprit, he must be punished.**（犯人が誰であれ、罰せられなければならない）
　　　✕　Whoever the culprit must ...

　なお、例文9のように「whatever/whoever＋主語＋動詞」は文の主語として使用可能です。

---

　wherever＝「前置詞（from以外）＋whichever」。whereverを名詞の修飾に用いないようにしましょう。howeverは状態や手段・方法を表し、whateverは「何を〜しようと」の意味ではあとに完全文を続けることはできません。whateverとwhoeverは特定の限定詞と名詞があとにくることがありますが、この形は文の主語にはなりえません。

QUESTIONS

次の文を正しい文にしましょう。
1. **Wherever school you decide to attend is lucky to have you.**
　（あなたがどの学校に入学すると決めようと、そこはあなたを迎えられて幸運だ）
2. **I'll play the violin whatever you want me to play.**
3. **Whoever the winner is awarded a $2,000 prize.**
　（誰が優勝者でも2000ドルの賞金が贈られる）

ANSWERS

1. Whichever school you ... 解説 schoolの修飾にはwhicheverを用いる。 2.(1) I'll play whatever you want me to play on the violin.（あなたが望むものなら何でもバイオリンで弾きますよ）(2) I'll play the violin however you want me to play it.（あなたが望むように私はバイオリンで弾きます）解説 (1) whateverは動詞playの直接目的語。(2) howeverはバイオリンがどのように弾かれるかを表す。
3. Whoever the winner, they'll be awarded a $2,000 prize. / Whoever the winner is will be awarded a $2,000 prize. 解説 whoever the winnerは文の主語になれない。

UNIT 6-6

接続詞のthatと (thatなどの) 関係代名詞・関係副詞の省略 OK・NGの見極めポイントとは?

日本人の混乱度

例文で間違いさがし!

1. ○ **I like that Dan is always on time.**
   （ダンはいつも時間通りなのが、私は好きだ）× I like Dan is ...

2. ○ **I hear (that) Dan is always on time.**
   （ダンはいつも時間通りだと、私は聞いている）

3. ○ **Tokyo is the city that hosted the 1964 Olympics.**
   （東京は1964年のオリンピックを開催した都市だ）× Tokyo is the city hosted ...

4. ○ **Tokyo is the city (that) I visited last year.** （東京は私が昨年訪れた都市だ）

5. ○ **Tokyo is the city where I met my wife.**
   （東京は私が妻と出会った都市だ）× Tokyo is the city I ...

6. ○ **Today is the day (when) I met my wife.** （今日は私が妻と出会った日だ）

接続詞と関係代名詞のthatがしばしば省略できることはご承知と思います。でも、もちろん省略できないケースも多々あり、ここではthat以外の関係代名詞と関係副詞も含め、どんなときに省略OKかNGかをチェックしていきましょう。

1&2 thatは接続詞として使われる場合、発話や思考などを表す動詞（say、think、hear、learn、find out、know、believeなど）のあとではしばしば省略されます（例文2）。これら以外の、単なる発話や思考以上の意味を含む動詞に関しては、thatがある方が響きが良いです（demand、confirm、shout、reportなど）。

他方、発話や思考と特に関係のない動詞（like、love、hateなど）については一般にthatを省略することはしません（例文1）。

また、名詞のあとに続くときは多くの場合、その名詞を説明する文を導きます（次の例参照）。

○ **I have a feeling (that) my friend will recover.** （私には友人が快復するという感じがする）

上記のようなfeelingやpossibilityなどの名詞のあとでは、thatは省略する方がだいたい自然です。ただし、factのあとにthatをつけないのはかえって不自然に響くのでご注意を（the fact that ... とするのがふつう）。逆に、happyのような形容詞のあとではthatを省略するのが一般的です。

thatが名詞のあとで関係代名詞として機能する場合、thatはしばしば省略されますが（目的格の関係代名詞）、例文3のように、続く節内の動詞（hosted）の主語として働く際は省略NGです（主格の関係代名詞）。

that以外の関係代名詞と関係副詞に関しては、それらが（前にコンマがつかない）制限用法であって、thatと置き換えることができ、続く節の主語でないときに、省略可能です。つまり例えば、例文5のwhereはthatと置き換えられないので省略はできません（where = in/at which）。でも、次のような文では省略可能です。

○ **Tokyo is the city (where) I'm from.**（東京は私の出身都市です）

＊whereは前置詞fromの目的語としてthatと置き換えられる

同様に、例文6のwhenもthatと置き換えることができ省略可能です。

最後に、which、who、whom、when、whereは（前にコンマのつく）非制限用法では省略できません。

接続詞のthatは発話・思考などを表す動詞のあと、および一部の名詞・形容詞のあとではよく省略されます。関係代名詞のthatは、それに続く節の主語にならなければ省略が可能です。その他の関係代名詞と関係副詞は、それらがthatと置き換えられ、続く節の主語として機能しないときに省略できます。非制限用法の関係代名詞・関係副詞は省略できません。

QUESTIONS 接続詞または関係代名詞、関係副詞に下線を引きましょう。それらは省略可能ですか。

1. **The student who scores the highest will get a prize.**
（最高点を取った生徒は賞がもらえる）

2. **The student whom the teacher calls on most is Jack.**
（先生がもっともよく指名する生徒はジャックだ）

3. **Jack, whom the teacher calls on most, often doesn't know the answer.**
（ジャックは先生がもっともよく指名するが、たびたび答えがわからない）

ANSWERS 1. **who**（省略できない）解説 whoは続く節の主語なので省略不可。2. **whom**（省略できる）解説 whomは続く節の主語ではないので省略可。3. **whom**（省略できない）解説 このwhomは非制限用法なので省略不可。

UNIT 6-7　who'sとwhoseはまったく別物!　whoとwhomも文法的な違いを知って正しく使い分けよう!

日本人の混乱度

例文で間違いさがし!

1. ✕　**Who's** hat is this?
2. ○　**Whose** hat is this?（これは誰の帽子ですか）
3. △　**Who** does this hat belong to?
4. ○　**To whom** does this hat belong?（この帽子は誰のものですか）

5. ✕　**Whose** already done their homework?
6. ○　**Who's** already done their homework?（誰がもう宿題を終えましたか）

7. △　Mr. Ferris, **who** I have the deepest respect for, still works at the company.
8. ○　Mr. Ferris, **for whom** I have the deepest respect, still works at the company.
（フェリス氏は私が最も深く尊敬している人物で、まだ会社で仕事をしている）

9. ○　I have the deepest respect for Mr. Ferris, **who** still works at the company.
（私はフェリス氏を最も深く尊敬しており、彼はまだ会社で仕事をしている）

　今回はwhoにまつわるミスを見ていきます。まず、意外とあるのがwho'sとwhoseの取り違え。発音が同じなのでつい間違えてしまうのかも。それとwhoとwhomも使い分けがあいまいです。学校でwhomはwhoでもOKと習ったかもしれませんが、きっちりした英語の知識として違いを把握するのも大切です。

1、2、3&4　「誰の」の意味では言うまでもなくwhoseを使いましょう（例文2）。who'sはwho isもしくはwho hasの短縮形なので、例文1のようにすると意味の通らない文になってしまいます。whoseは次のように、名詞を修飾する関係代名詞にもなります。

○ Jerry, **whose** hat is on the table, has already left the party.
（ジェリーは彼の帽子がテーブルにあるが、もうパーティーをあとにしている）

○ The person **whose** hat is on the table has already left the party.
（帽子がテーブルの上にある人物はすでにパーティーをあとにしている）

このwhoseは「人」以外も修飾できます。

○ The <u>country whose</u> native sport is oil wrestling is Turkey.
（国技がオイルレスリングである国はトルコだ）

　なお、日常会話では大半のネイティブが例文4よりも例文3を使いますが、例文4の方が文法的には正しいです。whoが主格代名詞（誰は・が）であるのに対し、whomは目的格代名詞（誰に・を）で、例文4では前置詞toの目的語になっているからです。

5&6 例文6のwho'sはwho hasとイコールですので、この形で関係代名詞として使うことも可能です（次の例参照）。

○ Jerry, <u>who's</u> already left the party, forgot his hat.
（ジェリーはすでにパーティーをあとにしているが、帽子を忘れた）

whoが複数名詞を表す際は、who haveの短縮形としてwho'veを使ってもOKです。

○ Jerry is among the <u>people who've</u> already left the party.
（ジェリーはすでにパーティーをあとにした人たちのうちの一人だ）

7、8&9 上述したように、日常会話ではwhoを目的格代名詞として使うことはよくあります。しかし、フォーマルな書き言葉で目的語が必要な際はwhomを使う方がよいでしょう。例文8ではwhomが前置詞forの目的語です。ここでは、for whomが多少フォーマルな響きを帯び、文全体のいくぶんフォーマルなトーンとマッチしています。

> who's ＝ who is/has で、whose は「誰の」です。whom は目的格代名詞（誰に・を）で、who は主格代名詞（誰は・か）ですが、後者は日常会話ではwhomの代わりに目的格代名詞として使われることもよくあります。これらはすべて疑問代名詞としても関係代名詞としても使用可能です。

QUESTIONS

who's、whose、who、whom のいずれかを使って空所を埋めましょう。

1. **Christen is the one _____ engaged to John.**
（クリスティンはジョンと婚約している人物だ）

2. **Christen, _____ ring looks expensive, is engaged to John.**
（クリスティンは彼女の指輪が高価に見えるが、ジョンと婚約している）

3. **The woman _____ John used to date is over there.**
（ジョンが以前付き合っていた女性があそこにいる）

ANSWERS

1. who's 解説 who's = who is 2. whose 解説 指輪がクリスティンのものであることをwhoseが示している。 3. who/whom 解説 文法的には動詞dateの目的語としてwhomを使うべきだが、このようなカジュアルな文ではwhoを使うネイティブが多い。

紛らわしい語と
スペリング、
句読法

日本人の混乱度 😵😵😵	UNIT 7 ❶〜UNIT 7 ❸
日本人の混乱度 😵😵😵	UNIT 7 ❹〜UNIT 7 ❽
日本人の混乱度 😵😵😵	UNIT 7 ❾

UNIT 7-1

everydayとevery day、sometimeとsome time…
1語か2語か、意味の違いを見極めて!

日本人の混乱度

例文で間違いさがし!

1. ✕　Junko studies English <u>everyday</u>.
2. ○　Junko studies English <u>every day</u>.（ジュンコは毎日英語を勉強する)
3. ○　Studying English is an <u>everyday</u> activity for Junko.
　　（英語の勉強はジュンコの日課だ)

4. ✕　Let's plan to meet <u>some time</u> soon.
5. ○　Let's plan to meet <u>sometime</u> soon.（近いうちに会う予定を立てよう)
6. ○　I need <u>some time</u> to prepare for the meeting.
　　（会議の準備に少し時間が必要だ)
7. ○　Junko <u>sometimes</u> takes English lessons.
　　（ジュンコはときどき英語のレッスンを受ける)

8. ✕　I can't do this <u>any more</u>.
9. ○　I can't do this <u>anymore</u>.（もうこれをすることはできない)
10. ○　Do you want <u>any more</u> rice?（ご飯をもっといかがですか)

　everydayとevery day、sometimeとsome time…1語か2語かで意味が異なる語ってありますよね。このような複合語をざっくりと同じ意味だと思って使ってしまう人がけっこういますよ。文法的にもおかしなことになったりするので、いくつかの例で違いを確認しましょう。

1、2&3　everyday（1語）は「日常の」、every day（2語）は「毎日」という意味です。2語のevery dayが必要なところに1語のeverydayを使う人が多いので、ご注意を。everydayはevery dayほど頻繁に使われませんが、次のような語句で一般的です。

○ **everyday** items（日用品）＊＝daily necessities ／ ○ **everyday** use（日用）＊＝daily use
　everydayが形容詞なのに対し、every dayは頻度を表す副詞として扱われることも覚えておいてください。

4、5、6&7　sometime（1語）は「いつか」の意味で「ある時点」を示します。some time（2語）は「少しの時間」を意味し、someとtimeの組み合わせによって「期間」

を示します。後者は次のような文でよく用いられます。

- ⭕ I need <u>some</u> (more) <u>time</u>.（私には（もう）少し時間が必要だ）
- ⭕ Please give me <u>some</u> (more) <u>time</u>.（（もう）少し時間をください）
- ⭕ I'd love <u>some</u> (more) <u>time</u> to myself.（私は（もう）少し自由な時間が欲しい）

　sometimesは「ときどき、たまに」という意味で、文字通りの意味では「多数の機会に起こる」ということです。だから語尾に-sがついているのです。

8、9 & 10　anymore（1語）は「もはや（～しない）」という意味の副詞で、通常、否定文で用いられます。「時」を表す際はこのanymoreを使い、それ以外の「量」を述べる場合は形容詞としてany more（2語）を使いましょう。次の例も参照してください。

- ⭕ I don't want <u>any more</u> cookies.（もうこれ以上クッキーは要りません）
- ⭕ Would you like <u>any more</u> cookies?（クッキーをもっといかがですか）
- ⭕ I don't want to eat cookies <u>anymore</u>.（もうクッキーを食べたくない）

> 　everyday「日常の」、every day「毎日」、sometime「いつか」、some time「少しの時間」、sometimes「ときどき」です。anymore は「時」を表す副詞で、any more はそれ以外の「量」を述べる際に使われます。

QUESTIONS

　[　]内の正しい語句を選びましょう。
1. I need [sometime / some time / sometimes] to finish this project.
   （この企画を終わらせるには少し時間が必要だ）
2. I try to work out [everyday / every day].
   （私は毎日エクササイズするようにしている）
3. I can't eat [anymore / any more] pizza.
   （もうこれ以上ピザを食べられない）

ANSWERS

1. **some time** 解説　「少しの時間」を意味するsome timeが適切。2. **every day** 解説　「毎日」はevery day。3. **any more** 解説　「時」以外の「量」を述べる際はany moreを使う。

UNIT 7-2　品詞によってスペルと発音が微妙に違う語、一部の発音だけが違う語をしっかり見分けよう!

日本人の混乱度

例文で間違いさがし!

1. ✕ I often loose [lOOs] my keys.
2. ○ I often lose [lOOz] my keys. （私はよく鍵を失くす）
3. ○ This shirt is too loose [lOOs]. （このシャツはゆったりし過ぎている）

4. ✕ Breath [bREth] in. / Breath out.
5. ○ Breathe [bREEth] in. / Breathe out. （息を吸って。／息をはいて）
6. ○ Take a deep breath [bREth] in. （深呼吸してください）

7. ○ We must take deliberate [diLIberat] measures to address the issue. （私たちはこの問題に対処するのに慎重な方策を取らねばならない）✕ [diLIbeREit]
8. ○ The jury will deliberate [diLIbeREit] before returning a verdict. （陪審員は評決を下す前に審議をするだろう）✕ [diLIberat]

＊[　]内の発音表記はスペルと発音が違うことを示すためだけに補助的に入れています。アクセントのあるところを大文字にしています。

　looseとloseなどスペルと発音が似ている語は、紛らわしくて間違えやすい例の代表格かもしれませんね。中にはdeliberateのようにスペルが一緒で、品詞が2種類あり、それによって発音が異なる語も!　文脈などからdeliberate（慎重）に判断していきましょう。

1、2&3 looseは「緩い」という意味の形容詞で、tie up loose ends（こまごました事柄を片づける）といった慣用句などでよく使われます。語尾は「ス」のような発音です。一方、動詞のlose（失くす）は語尾が「ズ」のような音になります。書き言葉ではスペルの違い、話し言葉では発音の違いに注意しましょう。

4、5&6 例文6のbreath（息）は名詞で、カタカナだと「ブレス」が近いですが、「ス」はthの音なので上と下の歯の間に舌先を軽く挟んで、息を漏らすように発音する、摩擦音です。一方、例文5のbreathe（息をする）は動詞で、同じく動詞のseethe（湧き返る）と同じ韻です。カタカナでは「ブリーズ」が近いですが、「ズ」の音は前述の通りです（濁ったthなので、息を漏らすときにのどを震わせて発音する有声音）。これらのスペルと発音にはご注意を。次の例も参考にしてください。
○ like a breath of fresh air（新鮮な息吹のように）/ ○ breathe life into ～（～に命を吹き込む）

7&8 deliberateのような一部の語は形容詞にも動詞にもなるけれども、スペルは一緒で発音だけが違うという厄介な代物です。例文7のように形容詞では語尾の-ateはət [ət/et]（balloonのaのような）と発音され、次のような形容詞も同様です。

considerate（思いやりのある）、 desolate（荒れ果てた）、intimate（親密な）、literate（教養のある）

　一方、例文8のようにdeliberateは動詞として使われる際、語尾の-ateはeight（8）のように発音されます。この語尾と発音は次のような動詞にも見られます。

debate（討論する）、resonate（反響する）、isolate（孤立させる）、emulate（模倣する）

　なお、appropriateとelaborateも同様の発音違いで形容詞にも動詞にもなります（次の例参照）。

○ His behavior is <u>appropriate</u> [əPROUpriət] for the occasion.（彼の振舞いはその場に適している）

○ It is illegal to <u>appropriate</u> [əPROUprieit] funds for personal use.（個人使用で基金を着服するのは違法だ）

○ We are planning an <u>elaborate</u> [iLABərət] wedding.（私たちは凝った結婚式を計画中だ）

○ I won't <u>elaborate</u> [iLABəreit] on the plans further at this time.（現時点でこれ以上計画について説明するつもりはない）

---

　loose（形容詞）と lose（動詞）、breath（名詞）と breathe（動詞）など一部の紛らわしい語は、スペルと語尾の発音に違いが見られます。その他の、特に -ate で終わる語（deliberate、appropriateなど）は品詞が違ってもスペルが同じで、語尾の発音が異なります。

QUESTIONS

1.と 2.については［　　　］内の正しい方を選びましょう。3.については下線部の語が形容詞か動詞かを判断し、発音してみましょう。

1. Whenever I [loose / lose] my phone, I borrow my daughter's phone and give it a ring.（私は携帯電話を失くしたときはいつも娘の携帯を借りて電話する）

2. Fish use gills to [breath / breathe] underwater.
（魚は水中で呼吸するのにえらを使う）

3. I am trying to draft an <u>appropriate</u> response to the customer's complaint.
（私は顧客のクレームへの適切な返答の草案を作ろうとしている）

ANSWERS

1. **lose** 解説 loseは「失くす」の意味。2. **breathe** 解説 動詞breatheを用いる。3.形容詞 [əPROUpriət] 解説 -ateで終わる形容詞の語尾の発音はət [ət/et]。

UNIT
7-3

文中にコンマはどうつける？　接続詞が独立節(主語+動詞)をつないでいるかに着目を!

日本人の混乱度

例文で間違いさがし！

1. ✕ We celebrated the end of the fiscal year <u>yesterday</u> so we all went out for drinks.
2. ○ We celebrated the end of the fiscal year <u>yesterday, so</u> we all went out for drinks.
   （私たちは昨日年度末を迎えたので、みんなで飲みに出かけた）

3. ✕ We celebrated the end of the fiscal year <u>yesterday, and</u> went out for drinks.
4. ○ We celebrated the end of the fiscal year <u>yesterday and</u> went out for drinks. （私たちは昨日年度末を迎え、飲みに出かけた）

5. ✕ Yesterday was the end of the fiscal <u>year we</u> went out for drinks after work.
6. ○ Yesterday was the end of the fiscal <u>year. We</u> went out for drinks after work. （昨日は年度末だった。私たちは仕事のあと飲みに出かけた）

　今回はコンマの使い方についておさらいしましょう。そんな細かいことを、と思われるかもしれませんが、コンマをつける場合とつけない場合には一定のルールがあり、特に正しいライティングを習得する際には大切なことです。

1&2 2つの独立節（主語+動詞）が等位接続詞（and、so、but、or、yet、nor、for）でつながれる際は、一般的なルールとしてコンマを用います。独立節が非常に短い場合（5語以下）は省くときもありますが、こういったケースでもコンマをつけるのは間違いではありません（次の例参照）。

○ We threw a party(,) and our friends came over.
　（私たちはパーティーを開き、友人たちがやって来た）

3&4 例文2のような重文とは対照的に、2つの別の語（句）を区切るのに使われる接続詞の前にはコンマをつけません。例文3ではコンマのあとの部分（went out for drinks）に主語がないことに注目してください。これはつまり、文の主語weが2つの動詞（celebratedとwent）をとっているということであり、このような場合にコンマは不自然

なのです。別の例も見てみましょう。

○ **My daughter came home from school at 3 o'clock <u>and</u> quickly left to play at the park with her friends.** （娘は3時に学校から帰宅すると、友達と公園で遊ぼうとすぐに出ていった）

　この文は複合述語で、主語daughterが2つの動詞（cameとleft）をとっています。このように接続詞（and）が2つの独立節ではなく2つの動詞を区切っている場合、コンマは不要です。

5&6 例文5はコンマも2つの独立節をつなぐ等位接続詞もないため、無終止文と呼ばれます。このような文を修正するには、2つの独立節をはっきりさせて、次の3つの方法のいずれかでその2つの節を区切りましょう。

1）ピリオドと大文字を使う（例文6）

2）セミコロン（;）を使う（次の例）

○ **Yesterday was the end of the fiscal year; we went out for drinks after work.**
（昨日は年度末で、私たちは仕事のあと飲みに出かけた）

3）コンマと等位接続詞（and、so、but、or、yet、nor、for）を使う（次の例）

○ **Yesterday was the end of the fiscal year, <u>so</u> we went out for drinks after work.**
（昨日は年度末だったので、私たちは仕事のあと飲みに出かけた）

> 2つの独立節をつなぐ等位接続詞の前にはコンマを置きましょう。接続詞が2つの別の語（句）を区切っている場合はコンマ不要です。2つの独立節はピリオド、セミコロン、またはコンマと等位接続詞で区切りましょう。

QUESTIONS

次の文を正しい文にしましょう。

1. **Mr. Brown is a math teacher, and a basketball coach.**
（ブラウン先生は数学の教師でバスケットボールのコーチだ）

2. **Mr. Brown is a basketball coach and his son plays on his team.**
（ブラウン先生はバスケットボールのコーチで、彼の息子はそのチームでプレーしている）

3. **Mr. Brown, and his son, like basketball.**
（ブラウン先生と彼の息子はバスケットボールが好きだ）

ANSWERS

1. Mr. Brown is a math teacher and a basketball coach. 解説 接続詞が2つの独立節を区切るのに使われていないときは、接続詞の前にコンマを置かない。 2. Mr. Brown is a basketball coach, and his son plays on his team. 解説 接続詞が2つの独立節を区切っているときはコンマを使う。 3. Mr. Brown and his son like basketball. 解説 接続詞が2つの独立節を区切るのに使われていないときは、接続詞の前にコンマを置かない。

「影響」の意味でaffectは不可!?
類語のeffect、impact、influenceも違いをチェック!

日本人の混乱度

例文で間違いさがし!

1. ✕ <u>What affect</u> will this policy have on our organization?
2. ○ <u>What effect</u> will this policy have on our organization?
   （この方針は我々の組織にどんな影響を及ぼすだろう）

3. ○ How will this policy <u>affect</u> our organization?
   （この方針は我々の組織にどのように影響するだろう）

4. ✕ My teacher's advice <u>affected/impacted me to</u> get a job.
5. ○ My teacher's advice <u>influenced me to</u> get a job.
   （先生の助言に感化され私は就職した）

6. ○ No one could have foreseen the <u>effect/impact</u> on the town.
   （その町への衝撃は誰も予測できなかったに違いない）

7. ○ Voters are fed up with the Prime Minister's wife's <u>influence</u> on politics. （有権者は首相の妻の政治への影響力にうんざりしている）
   ✕ the Prime Minister's wife's effect/impact

　日本語の「影響、影響する」を表す語はeffect、affect、impact、influenceといくつかあり、ニュアンス・用法が微妙に違います。多くの日本人にとって苦手な分野かもしれませんが、きっちり整理して覚えてネイティブも納得の英語を目指しましょう。

1、2&3 「影響、影響する」の意味で使われるとき、effectは名詞（例文2）、affectが動詞（例文3）になります。

　ただし、両方とも品詞の入れ替えは可能で、effectは動詞として「（結果を）もたらす、（目的などを）果たす」の意味で、affectは名詞として「感情、情緒、情動」の意味で（時に心理学で）使われることがあります（次の例参照）。

○ The board <u>effected</u> a policy change based on majority opinion.
（役員会は多数派の意見に基づいて方針変化を果たした）

○ Positive <u>affect</u> leads to altruistic behavior.（プラスの情動が利他的な行いにつながる）

　なお、例文2、3はimpactとinfluenceを使って表してもOKです。ただ、ネイティブの中にはimpactを動詞として使うのを好まず、influenceの方が動詞としてふさわしいと考える人もいます。

○ What **impact** will this policy have on our organization?
（この方針は我々の組織にどんな影響を及ぼすだろう）

○ How will this policy **influence** our organization?
（この方針は我々の組織にどのように影響するだろう）

4&5 動詞のinfluenceはしばしば「感化する、（人の考えや行動を）変えさせる」という意味合いで使われます。例文5のように、「人」（me）が動詞の目的語で、その人が特定の方向へ進む（get a job）ような影響を受けるといった場合にはaffectやimpactは不自然です。なお、同文は目的語を変えれば、以下のように表すこともできます。

○ My teacher's advice **affected/impacted/influenced** my decision to get a job.
（先生の助言は私の就職の決定に影響を及ぼした）

　ここでの目的語は「人」ではなく、my decisionという「動作」になっていますね。

6&7 例文6はeffectとimpactの名詞としての用法を示しています。また例文7でわかるように、名詞のinfluenceはしばしば「（人や団体の持つ）影響力」という意味で用いられますが、effectとimpactにこの用法はありません。

> 「影響、影響する」という意味で使われる場合、effectは名詞で、affectが動詞になります。impactとinfluenceは名詞または動詞の両方で使用可能です。名詞としてのinfluenceは特に人や団体の「影響力」という意味でよく使われますが、effectとimpactにこの用法はありません。

QUESTIONS

effect、affect、impact、influenceのいずれかを必要に応じて適切な形にして、空所を埋めましょう。複数の語が入る可能性もあります。

1. Shohei Ohtani _____ my son to want to play baseball.
（大谷翔平に感化されて私の息子は野球をしたがっている）

2. Professional lobbying groups have a profound _____ on regulatory decisions.（プロのロビー団体が規制の決定に大きな影響力を持っている）

3. My teacher's advice hasn't _____ my decision.
（先生の助言は私の決心に影響しなかった）

ANSWERS

1. **influenced** 解説 influenceは人の考えや行動を特定の方向へ変えさせるという意味合いでよく使われる。2. **influence** 解説 名詞influenceは人や団体の「影響力」という意味にもなる。3. **affected / influenced / impacted** 解説 いずれの語も正しいが、impactを動詞として使うのを好まないネイティブもいる。

besideとbesidesは紛らわしさマックス!
-sの有り無しで、意味も品詞も変わってくる

日本人の混乱度

例文で間違いさがし!

1. ✕　Jessica sat <u>besides</u> Jim at the table.
2. ◯　Jessica sat <u>beside</u> Jim at the table.
　　　（ジェシカはテーブルのジムのそばに座った）

3. ◯　<u>Besides</u> being beautiful, Jessica is a fun conversationalist.
　　　（美しいことに加え、ジェシカは会話も楽しい人物だ）

4. ✕　No one <u>beside</u> you can make me happy.
5. ◯　No one <u>besides</u> you can make me happy.
　　　（あなた以外に私を幸せにしてくれる人はいない）

6. ✕　I'm busy Friday night, and <u>beside</u>, I wouldn't go if I were free.
7. ◯　I'm busy Friday night, and <u>besides</u>, I wouldn't go if I were free.　（私は金曜の夜は忙しく、その上暇だとしても行かないだろう）

　besideとbesidesは見た目そっくりで紛らわしいですよね。実際、多くの日本人がこの2つを混同して使っています。besideは主に「～のそばに、～と比べて」で、besidesは「～に加えて、その上」といった意味ですが、その用法の違いもしっかりチェックしておきましょう。

1、2&3　例文2のbesideは「～のそばに、～の隣に」という意味の前置詞で、これをbesidesとするのは誤りです。besideはまた次のように「～と比べて、～に匹敵して」という意味でも使われます。

◯　The merits of your argument are weak <u>beside</u> the facts that contradict it.
　　（あなたの主張の利点は、それに反する事実<u>と比べる</u>と弱い）

◯　I put this novel <u>beside</u> the greatest works of all time.
　　（私はこの小説を史上最高の作品に<u>匹敵する</u>と思う）

　一方、besidesは「～に加えて、～以外は」という意味の前置詞です。例文3では「～に加えて」の意味で使われており、つまりジェシカは美しくもあり、会話も楽しい人だということです。このようにbesidesが「～に加えて」の意味で使われるときは、「～以外は」を表すexcept forに置き換えられないことに注意してください。

例文5のbesidesは「～以外は、～を除いて」を意味する前置詞です。これを例文4のように、くれぐれもbesideとしないようにしましょう。同文は文字通り訳すと「あなたの隣にいる人は誰も私を幸せにしてくれない」となり、訳がわかりませんよね。

6&7 例文7のように、besidesは「その上」を意味する副詞としても使用可能です（現代英語ではbesideの副詞用法はありません）。また文末に置かれてalsoの意味になることもあります（次の例参照）。

○ I have to do the laundry, wash the dishes, clean the toilet, and change the baby's diaper <u>besides</u>.
（私は洗濯をして食器を洗い、トイレ掃除をして、さらに赤ちゃんのオムツまで替えなければならない）

> beside は前置詞で通常「～のそばに、～の隣に」という意味ですが、「～と比べて、～と匹敵して」の意味で使われることもあります。besides は前置詞として「～に加えて、～以外は」という意味になり、副詞として「その上、さらに」の意味を表します。

beside か besides を使って空所を埋めましょう。

1. The case for continuing the program is weak _____ the many voices of dissent. （そのプログラムを続けるという論拠は、多くの反対の声に比べると弱い）

2. I don't feel like discussing this topic any longer. _____, it's already midnight, and I want to go to bed.
（私はこの議題をこれ以上話し合いたくない。その上すでに真夜中なので就寝したい）

3. _____ Laurel's innate talent, her enthusiasm and hard work will take her far. （生来の才能に加え、自身の熱意と努力によってローレルは成功するだろう）

1. beside 解説 「～と比べて」を意味する前置詞besideが適切。 2. Besides 解説 「その上」を意味する副詞besidesが適切。 3. Besides 解説 ここでのbesidesは「～に加えて」の意味の前置詞。

UNIT 7-6

「高い・低い」はtall/short? high/low?
「高さ」「大きさ」「多さ」などを表す語を総チェック!

日本人の混乱度

例文で間違いさがし!

1. ✕ **A record <u>amount</u> of students chose to study abroad this year.**
2. ○ **A record <u>number</u> of students chose to study abroad this year.**
   （今年、記録的な数の学生が留学を選択した）

3. ○ **A record <u>amount</u> of rainfall fell in the region last Friday.**
   （先週の金曜日、その地方では記録的な量の雨が降った）

4. ✕ **My height is <u>higher/lower</u> than my sister's height.**
5. ○ **I'm <u>taller/shorter</u> than my sister.** （私は姉よりも背が高い・低い）

6. ✕ **The child ate a <u>big amount</u> of candy.**
7. ○ **The child ate a <u>large amount</u> of candy.** （子どもは大量のお菓子を食べた）

　英語の「数・量」や「高い・低い」を表す表現は日本語とは必ずしも一致しないことは学校で習っているはずですが、それでも「あるあるミス」は中々減らないようです。numberとamount、tallとshort、bigとlargeの使い方を中心に改めておさらいしましょう。

1、2 & 3　可算名詞についてはnumber（number of students）を、不可算名詞についてはamount（amount of rainfall）を使うのが基本です。「量」を表すquantityという語はnumberやamountよりフォーマルで、可算名詞・不可算名詞の両方に使えます。次のように、largeやsmall、hugeといった形容詞が前に置かれることもよくあります。

○ **a <u>large quantity</u> of food**（大量の食料）/ ○ **a <u>small quantity</u> of apples**（少量のリンゴ）

4 & 5　人の背の高さを述べる際は、high/lowではなく、例文5のようにtall/shortを使いましょう。髪の長さに関してはlong/shortを用います（long hair / short hair）。また山については、それが単一でそびえている場合は通常tall/shortを使いますが、山脈や連峰の場合は一般にhigh/lowで表現されます。high/lowはまた、次のように「費用」「度合い」「価値」などについても使用されます。

○ **<u>high/low</u> prices**（高い・安い価格）/ ○ **<u>high/low</u> temperatures**（高い・低い気温）/ ○ **<u>high/low</u> blood sugar**（高い・低い血糖値）/ ○ **<u>high/low</u> inflation**（高・低インフレーション）

上記のような名詞にはbig、large、small、tall、shortを使わないようご注意を。

6&7 bigとlargeは両方とも可算名詞の大きさを表すのに使われますが、largeの方がフォーマルな語です。例文7のように、largeは「量」を述べるのにも使われますが（a large amount of candy）、bigにこの用法はありません。逆にbigはa <u>big</u> decisionのように「重要な」の意味で使われることがありますが、largeはこの場合NGです。

なお、「範囲」を示すときは通常wide/narrowが使われます。largeも時によって使われますが、bigやsmallはありえません（次の例参照）。

○ **a wide/narrow array of topics**（幅広い・幅の狭い話題）

△ a large array of topics / ✕ a big/small array of topics

一般に number は可算名詞に、amount は不可算名詞に用いられます。人の背の高さや単一の山の高さを表すには tall/short が使われ、山脈や連峰の高さには high/low が用いられます。high/low はまた「費用」「度合い」「価値」などにも使われますが、big、large、small、tall、short はこの場合NG です。big と large は両方とも可算名詞の大きさを表すのに使われますが、「量」を示すのに用いられるのは large のみで、big は「重要な」の意味でも使われます。「範囲」を表すには通常 wide/narrow が適用されます。

QUESTIONS

[　]内の正しい語を選びましょう。

1. **A large [number / amount] of people have gathered at the mall today.**
   （今日は大勢の人がモールに集まっている）

2. **According to the latest jobs report, the unemployment rate is [low / short / small].** （最新の雇用統計によると、失業率は低い）

3. **Stop making such a [large / big] deal out of small matters.**
   （小さな問題をそんな大ごとにするのはやめなさい）

ANSWERS

1. **number** 解説 可算名詞（people）には通常numberを使う。2. **low** 解説 「度合い」を示すには通常lowを用いる。3. **big** 解説 big dealで「大したこと、重大事」の意味。

UNIT 7-7　名詞を修飾する複合語にはハイフンが要る、などハイフン用法の基本ルールを身につけよう!

日本人の混乱度   😩

例文で間違いさがし!

1. ✗ Amelia has <u>a seven month old baby</u>.
2. ○ Amelia has <u>a seven-month-old baby</u>.（アメリアには7か月の赤ちゃんがいる）
3. ○ Amelia's baby <u>is seven months old</u>.（アメリアの赤ちゃんは7か月だ）

4. ✗ Mary lives on the <u>fourth-floor</u>.
5. ○ Mary lives on the <u>fourth floor</u>.（メアリーは4階に住んでいる）
6. ○ Mary lives in a <u>fourth-floor apartment</u>.
   （メアリーは4階建てのマンションに住んでいる）

7. ✗ The bank offers <u>five and ten year loans</u>.
8. ○ The bank offers <u>five- and ten-year loans</u>.
   （銀行は5年ローンと10年ローンを提供している）
9. ○ The bank offers <u>five-to-ten-year loans</u>.
   （銀行は5年から10年のローンを提供している）

　今回はハイフン（-）の用法について見ていきましょう。日本語ではほとんど登場しないせいか、いざ英語で使うとなると戸惑う人が多いようですね。でもハイフンをうまく使えば、簡潔な英語らしい表現に一歩近づけますよ。ぜひコツをつかんでください。

1、2&3 年齢を述べる際は、その年齢が名詞の前にくる形容詞になるとき（例文2）、または名詞そのものになるとき（a seven-month-old）ハイフンを使いましょう。他の場合にはハイフン不要です。以下、年齢に関するハイフンを使った例です。

○ This camp is open to <u>seven-to-ten-year-olds</u>.
　（このキャンプは7歳児から10歳児に開放されている）
　＊seven-以下を seven-to-ten-year-old studentsとしても可

○ This camp is open to <u>seven- and eight-year-olds</u>.
　（このキャンプは7歳児と8歳児に開放されている）
　＊seven-以下を seven- and eight-year-old studentsとしても可

`4、5 & 6` 「序数＋名詞」は一般に、別の名詞の前ではハイフンでつながれます（例文6）。が、別の名詞があとに続かないときはハイフンをつけません（例文5）。次の例も参照してください。

○ **first-place** winner（1等の勝者）/ ○ won **first place**（1等賞をとった）

　他の多くの複合語も同じルールに従います。つまり、名詞の前で形容詞として使われるときはハイフンをつけて、他の場合にはつけない、ということです。up-to-dateのように多くの辞書にハイフンつきで載っている語であっても、名詞があとにこないときは一般にハイフンをつけません（次の例参照）。

○ This map is **up to date**.（この地図は最新のものだ）/ ○ I'm searching for an **up-to-date** map.（私は最新の地図を探している）

○ This is an **over-the-counter** drug.（これは市販薬だ）/ ○ This drug is sold **over the counter**.（この薬は市販されている）

`7、8 & 9` ハイフンでつながれた後ろの語（例えばfive-yearのyear）が省略される場合は、例文8や次のように、ハイフンを残してスペースを空けます。

○ **seven- and eight-year-olds**（7歳児と8歳児）/ ○ **Tokyo- and Osaka-bound trains**（東京および大阪行き列車）/ ○ **one- and five-dollar bills**（1ドルおよび5ドル紙幣）

　ただし、述べる範囲がひとつのときは、すべての語をハイフンでつなぎます。

○ **seven-to-ten-year-olds**（7歳児から10歳児）

over-the-counterのような多くの複合語は、名詞の前で形容詞として使用される際はハイフンがつき、その他の場合にはハイフンがつきません。「年齢」は名詞の前にくる形容詞として（seven-year-old children）、またはそれ自体が名詞として（seven-year-olds）使われる際はハイフンが必要ですが、名詞が続く形容詞でも名詞そのものでもない場合はハイフン不要です。

QUESTIONS

ハイフンを正しく使って、次の日本語を英語にしましょう。
1. 5歳児から10歳児
2. ニューヨークおよびロサンゼルス行き航空便
3. 1年計画と10年計画

ANSWERS

1. **five-to-ten-year-olds / five-to-ten-year-old children** 解説 名詞または名詞の前の形容詞として使われる際は年齢層をハイフンでつなぐ。2. **New York- and Los Angeles-bound flights** 解説 New Yorkのあとのハイフンを忘れないこと。都市名の中にハイフンは不要。3. **one- and ten-year plans / one-year and ten-year plans** 解説 yearとplansの間にハイフンは不要。

UNIT 7-8　アポストロフィ(')を使うのは「所有」と「省略」が基本! 要注意の用法を見てみよう

例文で間違いさがし!

1. ✕ **I grew up in America in <u>the 1980's and 90's</u>.**
2. ○ **I grew up in America in <u>the 1980s and '90s</u>.**
   （私は1980年代と90年代にアメリカで育った）

3. △ **This is <u>Mr. Jones'</u> dog.**
4. ○ **This is <u>Mr. Jones's</u> dog.**（これはジョーンズさんの犬だ）
5. ✕ **This is <u>the Joneses's</u> dog.**
6. ○ **This is <u>the Joneses'</u> dog.**（これはジョーンズ家の犬だ）

7. ○ **This is <u>my aunt and uncle's</u> dog.**（これは私のおばとおじの犬だ）
   ＊おばとおじの2人で1匹の犬を飼っている

8. ○ **These are <u>my aunt's and uncle's</u> passports.**
   （これらは私のおばとおじのパスポートだ）
   ＊おばとおじ各自がパスポートを1冊ずつ持っている

　英語で「2000年代」と書くとしたら、どう表現しますか。the 2000sが正しいのですが、the 2000'sとする人がよく見られます。あやしいときは打っておこうというような考えがちらつくみたいですが、アポストロフィが要る場面は基本的に「所有」を表すときと「省略」のあるときです。その他注意点をまとめましょう。

1&2 「年代」を表すときは、その年代を複数形で表そうと'sを使わないようにしましょう（×1980's）。稀なケースとして複数形を示すのにアポストロフィを使うのは、文中で小文字を複数にする場合などです（次の例参照）。

○ **There are two <u>a's</u> in the name "Anna."**（Annaという名前にはaが2つ入っている）
　＊a'sをasと区別するためにアポストロフィを使っている

　また例文2のように、「省略」を示すのにもアポストロフィは使われます。'90sの前のアポストロフィは19が省略されていることを表しています。これはit isをit's、cannotをcan'tとするような短縮形でのアポストロフィの用法に近いですね。

3、4、5&6 単数名詞の「所有」を示す際に'sが使われるのはご承知のとおりです。現代の文体手引書では、例文4（および次の例）のようにsで終わる名詞のときでも'sを

つけるのが一般的です。

○ **Marcus's son**（マーカスの息子）/ ○ **Willis's bag**（ウィリスのかばん）

　ただ以前は、例文3のようにsで終わる語の所有格はsを省略するのがふつうでした。複数形がsで終わる場合、所有格は例文6（および次の例）のように、sのあとにアポストロフィを加える形になります。

○ **World Teachers' Day**（世界教師デー）

　　＊世界には無数の教師がいるのでWorld Teacher's Day とはしない

　なお、childrenのように複数形がsで終わらない語には's をつけて、World Children's Dayのようにします。

7&8 例文7の「おじ」と「おば」のように、間柄が近い2語の名詞が共有していることを示す際には、2番目の名詞（uncle）のみに's をつけます。同じ種類のものを別々に所有していることを示すには、例文8のように両方の名詞が's をとります。別の例を見てみましょう。

○ **Mom and Dad's cabin**（お母さんとお父さんの小屋）＊小屋は両親の所有

○ **Mom's and Dad's eyeglasses**（お母さんとお父さんのめがね）

　　＊それぞれが別個の自分のめがねを持っている

　アポストロフィは基本的に「所有」および「省略」を示すのに使われます。単数名詞の所有を示すには、それがsで終わっていても's をつけるのがふつうです。sで終わる複数名詞はアポストロフィだけをつけるのが一般的です。2語の名詞が共有していることを示す際には2番目の名詞だけが所有格になります。

QUESTIONS

[　　]内の語句を正しくアポストロフィを使った形にしましょう。

1. This is [the Smiths] house.（これはスミス家の家だ）
2. This is [Mr. Smith] office.（これはスミスさんの事務所だ）
3. Mr. Smith built this house in the [90s].（スミスさんはこの家を90年代に建てた）

ANSWERS

1. **the Smiths'** 解説 複数形のSmithsにはアポストロフィのみをつける。2. **Mr. Smith's** 解説 単数であるMr. Smithには's をつける。3. **'90s** 解説 19の省略を示すにはアポストロフィを使う。

UNIT
7-9

2つ以上の連続した項目は、接続詞で分けるか コンマで分けるか — ルールを再チェック!

日本人の混乱度

例文で間違いさがし!

1. ✕　Shannon and Paul went to <u>Ireland, and Scotland</u>.
2. ○　Shannon and Paul went to <u>Ireland and Scotland</u>.
   （シャノンとポールはアイルランドとスコットランドに行った）

3. ○　Shannon and Paul went to <u>Ireland, Wales, and Scotland</u>.
   （シャノンとポールはアイルランド、ウェールズ、スコットランドに行った）

4. ✕　In Ireland, they <u>kissed the Blarney Stone, drank Guinness</u> and whiskey.
5. ○　In Ireland, they <u>kissed the Blarney Stone and drank Guinness and</u> whiskey.
   （アイルランドで彼らはブラーニー石にキスし、ギネスビールとウィスキーを飲んだ）

6. ○　In Ireland, they <u>kissed the Blarney Stone, drank Guinness and whiskey, and ate</u> coddle. （アイルランドで彼らはブラーニー石にキスし、ギネスビールとウィスキーを飲み、コドルを食べた）

7. ✕　They returned on <u>Thursday, and</u> told us all about their trip.
8. ○　They returned on <u>Thursday and</u> told us all about their trip.
   （彼らは木曜日に帰ってきて、私たちに旅のすべてを話してくれた）

9. ○　<u>When they returned on Thursday, they told us all about their trip.</u> （彼らは木曜日に帰ってきたとき、私たちに旅のすべてを話してくれた）

　最後に接続詞とコンマの使い方についておさらいです。実はこれ意外と曲者で、特に2つ以上の項目を述べる際、必要なのは接続詞かコンマか…？　ポイントを押さえましょう。

1、2＆3　例文2では、Ireland and Scotlandという語句が接続詞（and）によってつながれた2つの語から成っています。従って、その2語を分けるコンマは不要です。が、例文3は3つの語から成っているので、コンマが必要なのです。ここではandの前にコンマが入っていますが、これは「オックスフォード・コンマ」といって、一般にアメリカ英語で好まれます。イギリス英語では、最後のコンマがなくても意味がはっきりしていれば入れない場合が多いです。

要注意なのは、オックスフォード・コンマを使うどうかで文意が変わる場合があることです。次の例を見てください。

○ **I've invited my coworkers, Laura, and Lisa.**（私は同僚とローラとリサを招待した）

　＊同僚の他にローラとリサを招いたということ

○ **I've invited my coworkers, Laura and Lisa.**（私は同僚のローラとリサを招待した）

　＊オックスフォード・コンマが採用されるアメリカ英語では、ローラとリサが話者の同僚なのは明らか

`4、5&6` いくつかの項目が連続する場合は、それらが常に同じ品詞でなければなりません。例文5には2つの動詞kissedとdrankがあり、2つの飲み物Guinnessとwhiskeyがあります。これら2つの項目を区分するのにコンマは不要です。一方、例文6にはkissed、drank、ateという3つの動詞があり、これら3つはコンマで区分されますが、2つの項目であるGuinnessとwhiskeyは区分されません。

`7、8&9` 各例文のreturnedとtoldは2項目なので、接続詞（and）でつながれていればコンマは要りません。しかし例文9のように、従属節（When they returned on Thursday）を独立節（they told us ...）から区分するにはコンマが使われます。

　2つの項目が接続詞でつながれている場合、コンマは不要です。項目が3つ以上の際はコンマで区分しましょう。アメリカ英語では接続詞の前にコンマをつけるのが好まれますが、文意があいまいにならない限り、イギリス英語では任意です。

QUESTIONS

必要に応じて次の文にコンマを入れましょう。

1. **We spent a lot of money on my daughter's braces cram school and swimming lessons.**
　（私たちは娘の歯科矯正器、塾、水泳教室に多額のお金を費やした）

2. **North Korea's nuclear weapons program threatens South Korea Japan and the entire region.**
　（北朝鮮の核兵器計画は韓国、日本そして地域全体の脅威になっている）

3. **I've lived in Japan and the USA and visited South Korea.**
　（私は日本とアメリカに住んだことがあり、韓国を訪れたことがある）

ANSWERS

1. We spent a lot of money on my daughter's braces, cram school, and swimming lessons. 解説 「お金を費やした」のは3項目あり、コンマで区切るとはっきりする。 2. North Korea's nuclear weapons program threatens South Korea, Japan, and the entire region. 解説 the entire regionが3番目の項目。 3. コンマ不要 解説 2項目が2セットある（lived in ... and visited ... と Japan and the USA）。

日本人が苦手な100項目でマスターする！
英文法の落とし穴

発行日　2023年11月20日（初版）

著者：Brooke Lathram-Abe
翻訳：仲慶次
編集：株式会社アルク　出版編集部
編集協力：本多真佑子
デザイン：岩永香穂（MOAI）
DTP：小林菜穂美
印刷・製本：シナノ印刷株式会社

発行者：天野智之
発行所：株式会社アルク
　　　　〒102-0073　東京都千代田区九段北 4-2-6　市ヶ谷ビル
　　　　Website：https://www.alc.co.jp/

落丁本、乱丁本は弊社にてお取り替えいたしております。
Webお問い合わせフォームにてご連絡ください。
https://www.alc.co.jp/inquiry/

地球人ネットワークを創る

アルクのシンボル
「地球人マーク」です。